書目題跋叢書

崇雅堂書録
崇雅堂碑録

第三册

甘鵬雲　撰
劉　暢　趙　嘉　點校
張志清　審定

中華書局

崇雅堂書録卷之十

潛江甘鵬雲藥樵編

子部十一

譜録類

古今刀劍録一卷

舊題梁陶弘景撰。《百川學海》本。《漢魏叢書》本。《龍威秘書》本。《四庫》著録。

鼎録一卷

舊題梁虞荔撰。《漢魏叢書》本。《龍威秘書》本。《四庫》著録。

宣德鼎彝譜八卷

明宣德中吕震等奉敕撰。《珠叢别録》本。《四庫》著録。

奇器圖説三卷諸器圖説一卷

明西洋鄧玉函撰，《諸器圖説》明王徵撰。《守山閣叢書》本。《四庫》著録。

陽羡茗壺系一卷

明周高起撰。《常州先哲遺書》本。

聽松庵竹爐始末一卷

清鄒炳泰撰。《藝海珠塵》本。

陽羡名陶録二卷

清吴騫撰。《拜經樓叢書》本。

香譜二卷

宋洪芻撰。《百川學海》本。《三洪集》本。《四庫》著録。

香乘二十八卷

明周嘉胄撰。明崇禎辛未周氏家刻本。《四庫》著録。

雲林石譜三卷

宋杜綰撰。《知不足齋叢書》本。《四庫》著録。

觀石後録一卷

清毛奇齡撰。《西河全集》本。《四庫》存目。

以上譜録類器物之屬

南方草木狀三卷

晉稽含撰。《百川學海》本。《漢魏叢書》本。

竹譜一卷

舊題晉戴凱之撰。《百川學海》本。《漢魏叢書》本。《四庫》著録。

洛陽牡丹記一卷

宋歐陽修撰。《百川學海》本。《雲自在龕叢書》本。《歐陽全集》本。《四庫》著録。

牡丹榮辱志一卷

宋丘璿撰。《百川學海》本。

天彭牡丹譜一卷

宋陸游撰。《雲自在龕叢書》本。《四庫》存目。

揚州芍藥譜一卷

宋王觀撰。《百川學海》本。《珠叢别録》本。《四庫》著録。

范村梅譜一卷

宋范成大撰。《百川學海》本。《珠叢别録》本。《四庫》著録。

劉氏菊譜一卷

宋劉蒙撰。《百川學海》本。《四庫》著録。

史氏菊譜一卷

宋史正志撰。《百川學海》本。《四庫》著録。

范村菊譜一卷

宋范成大撰。《百川學海》本。《四庫》著録。

唐昌玉蕊辨證一卷

宋周必大撰。《津逮秘書》本。《四庫》存目。

海棠譜三卷

宋陳思撰。《百川學海》本。《武林往哲遺著》本。《四庫》著録。

橘録三卷

宋韓彦直撰。《百川學海》本。《漢魏叢書》本。《四庫》著録。

筍譜一卷

宋釋贊寧撰。《百川學海》本。《漢魏叢書》本。《四庫》著録。

菌譜一卷

宋陳仁玉撰。《百川學海》本。《珠叢别録》本。《四庫》著録。

羣芳譜二十八卷

明王象晉撰。《漁洋全集》附刻本。《四庫》存目。

廣羣芳譜一百卷

康熙四十七年汪灝等奉敕撰。内府刻本。《四庫》著録。

秋園雜佩一卷

明陳貞慧撰。《粤雅堂叢書》本。《常州先哲遺書》本。

尋花日記二卷

清歸莊撰。《小石山房叢書》本。

嶺南荔支譜六卷

清吴應逵撰。《嶺南遺書》本。

以上譜録類草木之屬

禽經一卷

舊題師曠撰，晉張華注。《百川學海》本。《漢魏叢書》本。《四庫》存目。

獸經一卷

明黄省曾撰。《述古叢鈔》本。《翠琅玕館叢書》本。

蟹譜二卷

宋傅肱撰。《百川學海》本。《四庫》著録。

異魚圖贊四卷

明楊慎撰。《藝海珠塵》本。《函海》本。《紛欣閣叢書》本。《四庫》著録。

異魚圖贊補三卷閏集一卷

清胡世安撰。《函海》本。《四庫》著録。

見物五卷

明李蘇撰。《惜陰軒叢書本》。

蠕範八卷

清李元撰。《湖北叢書》本。

以上譜録類鳥獸蟲魚之屬

茶經三卷

唐陸羽撰。《百川學海》本。湖北刻本。《四庫》著録。

煎茶水記一卷
唐張文新撰。《百川學海》本。《四庫》著録。

茶録二卷
宋蔡襄撰。《百川學海》本。《四庫》著録。

宣和北苑貢茶録一卷附北苑别録一卷
宋熊蕃撰，趙汝礪作《别録》。《讀畫齋叢書》本。《四庫》著録。

東溪試茶録一卷
宋宋子安撰。《百川學海》本。《四庫》著録。

北山酒經三卷
宋朱翼中撰。《知不足齋叢書》本。徐乃昌《隨庵叢書》仿宋刻本，題大隱翁撰。大隱翁爲朱翼中之别號，名肱，翼中其字也。《四庫》著録。

酒譜一卷

宋竇子野撰。《百川學海》本。子野名苹。《四庫》著録。

糖霜譜一卷

宋王灼撰。《楝亭十二種》本。《四庫》著録。

觴政一卷

明袁宏道撰。明刻本。《四庫》存目。

疏食譜一卷

明陳達叟撰。《百川學海》本。《四庫》存目。

隨園食單一卷

清袁枚撰。《隨園全集》本。

以上譜録類飲饌之屬

右子部譜録類四十九種，二百五十二卷，重者不計。

子部十二

雜家類

鬻子二卷

舊題周鬻熊撰。武昌局本。長沙葉氏觀古堂刻本。兼道家。《四庫》著録。

慎子一卷

舊題周慎到撰。武昌局本。《守山閣叢書》本。兼法家。《四庫》著録。

尸子三卷附録一卷

周尸佼撰。任兆麟《心齋十種》本。

尸子二卷

周尸佼撰。《問經堂叢書》本。《平津館叢書》本。《湖海樓叢書》重刻汪繼培本。浙江局本。

鄧析子一卷

周鄧析撰。武昌局本。兼名家。

尹文子一卷

周尹文撰。《守山閣叢書》本。《湖海樓叢書》本，附佚文一卷。武昌局本。兼名家。《四庫》著録。

鶡冠子二卷

舊題楚鶡冠子撰。明綿眇閣刻本。兼道家。《四庫》著録。

鶡冠子三卷

宋陸佃解。明天啟乙丑花齋刻本。

公孫龍子三卷

周公孫龍撰。《守山閣叢書》本。武昌局本。兼名家。《四庫》著録。

墨子十五卷目録一卷

舊題周墨翟撰。《經訓堂叢書》本。浙江局本。武昌局本。清曹耀湘活字排印本，十五卷。墨家兼兵家。《四庫》著録。

墨子經説注二卷

清張惠言撰。宣統二年石印本。

墨子閒詁十五卷

清孫詒讓撰。光緒丙申活字排印本。稿本。宣統二年重排印活字本，附《目録》一卷，《附録》一卷，《後語》二卷。

墨子新釋三卷

清尹桐陽撰。自刻本。

墨子斠注補正二卷

清王樹枏撰。自刻本。

鬼谷子三卷

舊題鬼谷子撰，唐志疑爲蘇秦託名。梁陶弘景注。秦恩復石研齋刻本。武昌局本。兼縱横家。《四庫》著録。

吕氏春秋二十六卷

舊題秦吕不韋撰，漢高誘注。《經訓堂叢書》本。浙江局本。武昌局本。以儒爲主，兼道家、墨家。《四庫》著録。

吕氏校補二卷

清梁玉繩撰。《清白士集》本。《式訓堂叢書》本。《槐廬叢書》本，附《續補》一卷。

吕氏春秋正誤一卷

清陳昌齊撰。《嶺南遺書》本。

淮南子二十一卷

漢劉安撰，高誘注。明朱東光刻《中都四子》本。莊逵吉校刻本。浙局重刻莊本。武昌局本。兼道家。《四庫》著録。

淮南鴻烈解二十一卷

漢高誘注。明萬曆辛卯汪一鸞刻本，許國序。

淮南子許慎注一卷

漢許慎撰。《問經堂叢書》本。

淮南子校勘記一卷

清汪文臺撰。湖北局本。

淮南子閒詁二卷

漢許慎注，葉德輝補注。《觀古堂所著書》本。

淮南天文訓補注二卷
清錢塘撰。湖北局本。

淮南校補一卷
清劉台拱撰。《劉端臨遺書》本。

淮南萬畢術一卷
清孫馮翼輯。《問經堂叢書》本。茆泮林輯刻《十種遺書》本。王先謙南菁書院重刻丁晏輯本。

淮南許注鈎沈一卷
清易順鼎撰。自刻本。

白虎通德論四卷
漢班固撰。《抱經堂叢書》本。《隨庵叢書》仿元大德刻本。

白虎通疏證十二卷

清陳立撰。光緒元年淮南書局刻本。

獨斷二卷

漢蔡邕撰。《百川學海》本。《抱經堂叢書》本。楊以增刻《蔡中郎集》附刻本。

人物志三卷

魏劉卲撰，凉劉昺注。《守山閣叢書》本。《漢魏叢書》本。《畿輔叢書》本。武昌局本。兼名家、儒家。《四庫》著録。

金樓子六卷

梁元帝撰。《知不足齋叢書》本。武昌局本。兼釋、老。《四庫》著録。

劉子新論十卷

梁劉晝撰，袁孝政注。《漢魏叢書》本。武昌局本。《畿輔叢書》本。兼道家。《四庫》著録。

長短經九卷

唐趙蕤撰。《讀畫齋叢書》本。兼縱横家。《四庫》著録。

因論一卷

唐劉禹錫撰。《百川學海》本。

意林五卷

唐馬總撰。武昌局本。

讒書五卷

唐羅隱撰。《式訓堂叢書》本。《拜經樓叢書》本。

兩同書二卷

唐羅隱撰。《式訓堂叢書》本。兼道家。《四庫》著録。

化書六卷

南唐譚峭撰。明吴勉學刻本。湖北局本。《珠叢别録》本。兼道家。《四庫》著録。

子華子三卷

舊題晉人程本撰，或云宋人託名。武昌局本。《珠叢别録》本。大旨近儒，兼采黄老。《四庫》著録。

聱隅子二卷

宋黄晞撰。《知不足齋叢書》本。武昌局本。

元城語録三卷附行録一卷

宋馬永卿撰。《惜陰軒叢書》本。《小萬卷樓叢書》本。《畿輔叢書》本。

元城語録解三卷附行録解一卷

明王崇慶撰。《惜陰軒叢書》本。《畿輔叢書》本。

嬾真子五卷

宋馬永卿撰。武昌局本。

廣成子解一卷

宋蘇軾撰。武昌局本。

祛疑説一卷

宋儲泳撰。《百川學海》本。

東谷所見一卷

宋李之彦撰。《百川學海》本。多憤世疾俗之言。《四庫》存目。

三教平心論二卷

元劉謐撰。《琳琅秘室叢書》本。

叔苴子内編六卷外編二卷

明莊元臣撰。《粤雅堂叢書》本。武昌局本。

鴻苞四十八卷

明屠隆撰。明刻本。其言放誕，李贄之流亞也。《四庫》存目。

鴻苞節録十卷

明屠隆撰。咸豐七年屠繼烈刻本。

於陵子一卷

明姚士粦僞撰。武昌局本。《四庫》存目。

郁離子一卷

明劉基撰。武昌局本。《四庫》存目。

狂夫之言三卷續二卷

明陳繼儒撰。明刻《眉公秘笈》本。雜論古今得失。《四庫》存目。

空同子一卷

明李夢陽撰。武昌局本。仿揚子《法言》。《四庫》存目。

金罍子四十四卷

明陳絳撰。萬曆丙午陶望齡刻本。仿王充《論衡》。《四庫》存目。

海沂子五卷

明王文禄撰。武昌局本。持論偏駁。《四庫》存目。

激書二卷

清賀貽孫撰。咸豐三年家刻本。兼黄老。《四庫》存目。

潛書四卷

清唐甄撰。中江李氏刻本。王聞遠刻本。崇良知之學。《四庫》存目。

測言二卷蠡書一卷

清程大中撰。《在山堂集》本。

衡論二卷

清畢華珍撰。鵬雲校刻本。兼農家。

苓子一卷

清俞樾撰。《春在堂全書》本。

著相庵㲉音一卷

清何樹齡撰。光緒中自刻本。

天演論一卷

英國赫胥黎撰。嚴復譯刻本。

國故論衡三卷檢論九卷

近人章炳麟撰。浙江圖書館刻本。

以上雜家類論撰之屬

試筆一卷

宋歐陽修撰。《四庫》存目。

猗覺寮雜記二卷

宋朱翌撰。武英殿聚珍板本。《知不足齋叢書》本。《四庫》著録。

麈史三卷

宋王得臣撰。《知不足齋叢書》本。《四庫》著録。

東坡志林十二卷

宋蘇軾撰。《稗海》本。《四庫》著録，五卷。

宜州家乘一卷

宋黄庭堅撰。《知不足齋叢書》本。

海岳志林一卷

明毛鳳苞輯米芾事。《得月簃叢書》本。

珩璜新論一卷

宋孔平仲撰。明陸楫刻《古今説海》本。《珠叢别録》本。《四庫》著録。

龍川志略十卷

宋蘇轍撰。《百川學海》本。《四庫》著録，入小説家。

釋常談三卷

宋不著撰人名氏。《百川學海》本。

晁氏客語一卷

宋晁説之撰。《百川學海》本。《四庫》著録。

師友談記一卷

宋李鳫撰〔一〕。《百川學海》本。《四庫》著録。

冷齋夜話十卷

宋僧惠洪撰。《稗海》本。《津逮秘書》本。《四庫》著録。

春渚紀聞十卷

宋何薳撰。《津逮秘書》本。祝泰昌刻《浦城遺書》本。《四庫》著録。

甕牖閒評八卷

宋袁文撰。武英殿聚珍板本。

巖下放言三卷

宋葉夢得撰。葉德輝刻《石林遺書》本。《四庫》著録。

〔一〕「鳫」，原作「薦」，當作「薦」。

避暑録話二卷

宋葉夢得撰。《石林遺書》本。《四庫》著録。

玉澗雜書一卷

宋葉夢得撰。《石林遺書》本。

五總志一卷

宋吴炯撰。《知不足齋叢書》本。《藝海珠塵》本。《四庫》著録。

墨莊漫録十卷

宋張邦基撰。《稗海》本。

師友雜志一卷

宋吕本中撰。《十萬卷樓叢書》本。

紫微雜説一卷

宋吕本中撰。《十萬卷樓叢書》本。《四庫》著録。

欒城遺言一卷

宋蘇籀撰。《百川學海》本。《四庫》著録。

密齋筆記五卷續一卷

宋謝采伯撰。《琳琅秘室叢書》本。《四庫》著録。

雲麓漫鈔十五卷

宋趙彦衡撰。《涉聞梓舊》本。《稗海》本，四卷，不全。《四庫》著録。

游宦紀聞十卷

宋張世南撰。《稗海》本。《知不足齋叢書》本。《四庫》著録。

梁谿漫志十卷

宋費衮撰。《知不足齋叢書》本。《常州先哲遺書》本。《四庫》著録。

捫蝨新語十五卷

宋陳善撰。《津逮秘書》本。《四庫》存目。

北行日録二卷

宋樓鑰撰。《知不足齋叢書》本。

鶴林玉露十六卷

宋羅大經撰。《稗海》本。《四庫》著録。

搜採異聞集五卷

宋宋永亨撰。《稗海》本。《四庫》存目。

螢苑叢談二卷

宋俞成撰。《百川學海》本。

宜齋野乘一卷

宋吴枋撰。《藝海珠塵》本。《常州先哲遺書》本。《四庫》存目。

松窗百説一卷

宋李季可撰。《知不足齋叢書》本。

貴耳集三卷

宋張端義撰。《津逮秘書》本。《四庫》著録。

肯綮録一卷

宋趙叔向撰。《藝海珠塵》本。《四庫》存目。

澗泉日記三卷

宋韓淲撰。武英殿聚珍板本。《四庫》著録。

吹劍録一卷外録一卷

宋俞文豹撰。《讀畫齋叢書》本。《知不足齋叢書》本。《四庫》著録。

齊東野語二十卷

宋周密撰。《津逮秘書》本。《四庫》著録。

藏一話腴四卷

宋陳郁撰。《豫章叢書》本。《四庫》著録。

困學齋雜録一卷

元鮮于樞撰。《知不足齋叢書》本。《畿輔叢書》本。《四庫》著録。

愛日齋叢鈔五卷

不著撰人名氏。《守山閣叢書》本。《四庫》著録。

隱居通議三十一卷

元劉壎撰。《海山仙館叢書》本。《讀畫齋叢書》本。《四庫》著録。

湛淵静語二卷

元白珽撰。《知不足齋叢書》本。《武林往哲遺著》本。《四庫》著録。

敬齋古今黈八卷拾遺五卷

元李冶撰。武英殿聚珍板本。《四庫》著録。

敬齋古今黈十二卷逸文二卷

元李冶撰。《畿輔叢書》本。

日損齋筆記一卷

元黄溍撰。《守山閣叢書》本。《四庫》著録。

忍經一卷

元吴亮撰。《武林往哲遺著》本。《四庫》存目。

客杭日記一卷

元郭畀撰。《知不足齋叢書》本。

庶齋老學叢談三卷
元盛如梓撰。《知不足齋叢書》本。《四庫》著録。

北軒筆記一卷
元陳世隆撰。《知不足齋叢書》本。《四庫》著録。

閒居録一卷
元吾衍撰。《武林往哲遺著》本。《四庫》著録。

新增格古要論十三卷
明舒敏志編，曹昭撰，王佐增。《惜陰軒叢書》本。

兩山墨談十八卷
明陳霆撰。《惜陰軒叢書本》。《四庫》存目。

餘冬序録六十一卷

明何孟春撰。明張汝賢刻本。同治三年邵綬名刻本。《四庫》存目。

聽雨紀談一卷

明都穆撰。《格致叢書》本。《知不足齋叢書》本。《四庫》存目。

三餘贅筆一卷

明都卬撰。《格致叢書》本。《知不足齋叢書》本。《四庫》存目。

震澤長語二卷

明王鏊撰。明刻本。《澤古叢鈔》本。《四庫》著録。

涇林續記二卷

明周元暐撰。《功順堂叢書》本。

東谷贅言二卷

明敖英撰。《豫章叢書》本。《四庫》存目。

太岳雜著一卷

明張居正撰。《太岳全集》本。抄本。《四庫》存目。

戒庵漫筆八卷

明李翊撰。《常州先哲遺書》本。《四庫》存目。又《續説郛》本。

暖姝由筆一卷

明徐充撰。舊鈔本。有萬曆丙午李如一序。又，續《説郛》本。

讀書偶見一卷

明吴騏撰。《藝海珠塵》本。

呵凍漫筆二卷

明談修撰。《藝海珠塵》本。

松窻夢語八卷

明張瀚撰。《武林往哲遺著》本。

物原一卷

明羅頎撰。《知不足齋叢書》本。

客座贅語十卷

明顧起元撰。傅春官《金陵叢刻》本。

長物志十二卷

明文震亨撰。《粤雅堂叢書》本。

紫桃軒雜綴三卷又綴三卷

明李日華撰。《檇李叢書》本。

異林八卷

明支允堅撰。崇禎甲戌自刻本。

瓶花齋雜録一卷

明袁宏道撰。明刻本。抄本。《四庫》存目。

物理小識十二卷

明方以智撰。光緒甲申嵩崑校刻本。《四庫》著録。

廣陽雜記五卷

清劉獻廷撰。《功順堂叢書》本。《畿輔叢書》本。

譎觚十事一卷

清顧炎武撰。《亭林遺書》本。

亭林雜録一卷

清顧炎武撰。《亭林遺書》本。

冬夜箋記一卷

清王崇簡撰。《説鈴》本。《四庫》存目。

澹如筆記一卷

清曹申吉撰。《雲自在龕叢書》本。

筠廊偶筆二卷二筆二卷

清宋犖撰。《西陂類稿》附刻本。《四庫》存目。

寒夜録二卷

清陳宏緒撰。《豫章叢書》本。

通俗編三十八卷

清翟灝撰。無不宜齋刻本。

恆言録六卷

清錢大昕撰。《文選樓叢書》本。《潛揅堂全書》本。

樵香小記二卷

清何琇撰。《守山閣叢書》本。《畿輔叢書》本。

郝雪海筆記三卷

清郝浴撰。《畿輔叢書》本。

日貫齋塗説一卷

清梁同書撰。嘉慶丁丑《頻羅庵集》附刻本。

直語補證一卷

清梁同書撰。《頻羅庵集》附刻本。

談書録一卷

清汪師韓撰。《叢睦汪氏遺書》本。

隨園隨筆二十八卷

清袁枚撰。《隨園全集》本。

學福齋雜著一卷

清沈大成撰。《藝海珠塵》本。

説叩一卷

清葉抱崧撰。《藝海珠塵》本。

銅熨斗齋隨筆八卷

清沈濤撰。《式訓堂叢書》本。

乙卯劄記一卷丙辰雜記一卷

清章學誠撰。風雨樓活字排印本。

多暇録二卷

清程庭鷺撰。《觀自得齋叢書》本。

蕙櫋雜記一卷

清嚴元照撰。《峭帆樓叢書》本。

北窻囈語一卷

清朱燾撰。《觀自得齋叢書》本。

履園叢話二十四卷

清錢泳撰。道光十八年家刻本。

柿葉軒筆記一卷

清胡虔撰。《峭帆樓叢書》本。

大雲山房雜記二卷

清惲敬撰。《咫進齋叢書》本。

癡學八卷

清黄本驥撰。《三長物齋叢書》本。

玉井山館筆記一卷

清許宗衡撰。《滂喜齋叢書》本。

桃谿客語五卷

清吴騫撰。《拜經樓叢書》本。《式訓堂叢書》本。

寒秀草堂筆記四卷

清姚衡撰。《咫進齋叢書》本。

小瑯環叢記四卷

清阮福撰。《文選樓叢書》本。

蕉窗日記二卷

清王豫撰。《讀畫齋叢書》本。

幽夢影二卷

清張潮撰。《翠琅玕館叢書》本。

幽夢續影一卷

清朱錫綬撰。《滂喜齋叢書》本。

康輶紀行十六卷

清姚瑩撰。同治丁卯家刻本。

思補齋筆記八卷

清潘世恩撰。道光中家刻本。

郎潛紀聞十四卷

清陳康祺撰。光緒十年琴川刻本。

吹綱録六卷鷗波漁話六卷

清葉廷琯撰。同治八年家刻本。

宧遊筆記四十六卷

清常安撰。乾隆十一年自刻本。

調爕類編四卷

無撰人名氏。《海山仙館叢書》本。

勝飲編十八卷

清郎廷極撰。《粤雅堂叢書》本。

外家記聞一卷

清洪亮吉撰。《北江全集》本。

卞廬札記三卷

清丁泰撰。《仰視千七百二十九鶴齋叢書》本。

曬書堂筆記二卷寶訓八卷

清郝懿行撰。《郝氏遺書》本。

錢竹汀日記一卷

清錢大昕撰。《雲自在龕叢書》本。

吴兔牀日記一卷

清吴騫撰。風雨樓活字排印本。

何蝯叟日記一卷

清何紹基撰。風雨樓活字排印本。

平書八卷

清秦篤輝撰。《湖北叢書》本。

亦若是齋隨筆十二卷

清鄭敦曜撰。同治壬申長沙刻本。

春在堂隨筆十卷茶香室叢鈔二十三卷二鈔二十五卷三鈔二十九卷四鈔二十九卷

清俞樾撰。《春在堂全集》本。

復堂日記八卷

清譚獻撰。自刻《半厂叢書》本。《復堂類集》本。

幕府瑣言五卷頤園日録一卷

清鄧繹撰。王葆心編刻本。

行素軒雜記二卷

清繼昌撰。自刻本。

湖上答問二卷

清黄慶澄撰。光緒乙未自刻本。

以上雜家類紀述之屬

右子部雜家類一百九十一種，一千二百七十卷，重者不計。

子部十三

小説類

燕丹子三卷

紀燕太子丹事。《平津館叢書》本。《問經堂叢書》本。《岱南閣叢書》本。武昌局本。《四庫》存目。

西京雜記六卷

舊題漢劉歆撰。《四庫》書目定爲梁吴均撰。《津逮秘書》本。《稗海》本。抱經堂校刻別行本。《漢魏叢書》本。武昌局本。《四庫》著録。

西京雜記二卷
舊題晉葛洪撰。華陽傅世洵刻本。《抱經堂叢書》本。

趙飛燕外傳一卷
舊題漢伶玄撰。王謨《漢魏叢書》本。《四庫》存目。

博物志十卷
舊題晉張華撰。《稗海》本。王謨《漢魏叢書》本。武昌局本。《士禮居叢書》仿宋連江葉氏本。《四庫》著録。

世説新語六卷
宋劉義慶撰。《惜陰軒叢書本》。明吳勉學校刻本，盱眙吳氏舊藏。王先謙校刻本，附《引用書目》一卷，《佚文》一卷，《校勘小識》二卷，《考證》一卷，《釋名》一卷。《四庫》著録。

琱玉集二卷

唐不著撰人名氏。《古逸叢書》仿刻唐卷子本。

隋遺録一卷

唐顔師古撰。《百川學海》本。

朝野僉載一卷

唐張鷟撰。《畿輔叢書》本。《四庫》著録。

唐國史補三卷

唐李肇撰。《津逮秘書》本。《四庫》著録。

因話録六卷

唐趙璘撰。《稗海》本。《四庫》著録。

教坊記一卷

唐崔令欽撰。《古今説海》本。《百川學海》本。《四庫》著録。

雲溪友議十卷

唐范攄撰。《稗海》本，十二卷。《龍威秘書》本。《四庫》著録三卷。

玉泉子一卷

唐不著撰人名氏。《稗海》本。武昌局本。《四庫》著録。

雲仙雜記十卷

唐馮贄撰。《唐宋叢書》本。《説郛》本，九卷。《藝海珠塵》本。《龍威秘書》本。《四庫》著録。

雲仙散録一卷

唐馮贄撰。《藝海珠塵》本。《隨庵叢書》仿宋嘉泰本，附《札記》一卷。

尚書故實一卷

唐李綽撰。《畿輔叢書》本。

明皇雜録三卷

唐鄭處晦撰。《守山閣叢書》本，附《校勘記》一卷。《四庫》著録。

金華子雜編三卷

唐劉崇遠撰。《讀畫齋叢書》本。武昌局本。《函海》本，一卷。《四庫》著録。

高力士外傳一卷

唐崔湜撰。葉德輝刻《唐人小説六種》本。

開元天寶遺事四卷

五代王仁裕撰。顧刻《四十家小説》本。明刻本。《四庫》著録。

中朝故事二卷

南唐尉遲偓撰。《隨庵叢書》仿宋刻本。《四庫》著録。

北夢瑣言二十卷

五代孫光憲撰。《雅雨堂叢書》本。《雲自在龕叢書》本，附《佚文》四卷。《四庫》著録。

續博物志十卷

晉李石撰。《稗海》本。武昌局本。《四庫》著録。

大唐傳載一卷

宋不著撰人名氏。《守山閣叢書》本。《四庫》著録。

清異録二卷

宋陶穀撰。《惜陰軒叢書》本。康熙中陳世修刻本。《四庫》著録。

儒林公議二卷

宋田況撰。《稗海》本。《四庫》著録。

賈氏談録一卷

宋張洎撰。《守山閣叢書》本。《四庫》著録。

歸田録二卷

宋歐陽修撰。《全集》附刻本。《稗海》本。《四庫》著録。

東齋紀事十卷

宋范鎮撰。《守山閣叢書》本。《四庫》著録六卷。

嘉祐雜志二卷

宋江休復撰。《稗海》本。《紛欣閣叢書》本。《四庫》著録。

明道雜志一卷

宋張耒撰。《唐宋叢書》本。

友會叢談三卷

宋上官融撰。《十萬卷樓叢書》本。

青箱雜記十卷

宋吴處厚撰。《稗海》本。《四庫》著録。

孔氏談苑四卷

宋孔平仲撰。《藝海珠塵》本。《四庫》著録。

續世説十二卷

宋孔平仲撰。《粤雅堂叢書》本。《守山閣叢書》本。

續談助五卷

宋不著撰人名氏。《粤雅堂叢書》本。《十萬卷樓叢書》本，題宋晁載之。

畫墁録一卷

宋張舜民撰。《稗海》本。《四庫》著録。

甲申雜記一卷聞見近録一卷隨手雜録一卷

宋王鞏撰。《知不足齋叢書》本。《四庫》著録。

侯鯖録八卷

宋趙德麟撰。《稗海》本。《知不足齋叢書》本。《四庫》著録。

東軒筆録十五卷

宋魏泰撰。《稗海》本。《湖北先正遺書》本。《四庫》著録。

泊宅編十卷

宋方勺撰。《讀畫齋叢書》本。

别本泊宅編三卷

宋方勺撰。《稗海》本。《四庫》著録。

鐵圍山叢談六卷

宋蔡條撰。《知不足齋叢書》本。《四庫》著録。

蒙齋筆談二卷

宋鄭景望撰。《稗海》本。《四庫》存目，入雜家。

國老談苑二卷

舊題宋王君玉撰。《百川學海》本。《四庫》著録。

緑珠傳一卷

宋不著撰人名氏。《琳瑯祕室叢書》本。

道山清話一卷

宋不著撰人名氏。《百川學海》本。《四庫》著録。

墨客揮犀十卷

宋彭乘撰。《稗海》本。《古今説海》本。《四庫》著録。

唐語林八卷

宋王讜撰。《惜陰軒叢書本》。《守山閣叢書》本。《四庫》著録。

楓窗小牘二卷

宋不著撰人名氏，舊題百歲寓翁絶筆，博士男頣續筆。《稗海》本。《四庫》著録。

過庭録一卷

宋范公偁撰。《稗海》本。《四庫》著録。

南窗紀談一卷

宋不著撰人名氏。《知不足齋叢書》本。《四庫》著録。

萍洲可談三卷

宋朱彧撰。《百川學海》本。《守山閣叢書》本。《四庫》著録。

默記三卷

宋王銍撰。《知不足齋叢書》本。《四庫》著録。

李師師外傳一卷

宋不著撰人名氏。《琳瑯祕室叢書》本。

揮麈前録四卷後録十一卷三録三卷餘話一卷

宋王明清撰。《津逮祕書》本。《四庫》著録。

揮麈録二卷

宋楊萬里撰。《百川學海》本。

張氏可書一卷

宋張知甫撰。《守山閣叢書》本。《十萬卷樓叢書》本。《函海》本。《四庫》著録。

聞見前録二十卷

宋邵伯温撰。《津逮祕書》本，有闕頁。《四庫》著録。

聞見後録三十卷

宋邵博撰。《津逮祕書》本。《四庫》著録。

高齋漫録一卷

宋曾慥撰。《守山閣叢書》本。《四庫》著録。

厚德録四卷

宋李元綱撰。《百川學海》本。《稗海》本。

燕魏雜記一卷

宋吕頤浩撰。《藝海珠塵》本。

清波雜志十二卷别志二卷

宋周煇撰。《稗海》本。《知不足齋叢書》本。《四庫》著録。

鷄肋編三卷

宋莊季裕撰。《琳瑯祕室叢書》本。《四庫》著録。

北窗炙輠録一卷

宋施德操撰。《讀畫齋叢書》本。《四庫》著録。

步里客談二卷

宋陳長方撰。《守山閣叢書》本。《四庫》著録。

桯史十五卷

宋岳珂撰。《津逮秘書》本。《稗海》本。《四庫》著録。

東南紀聞三卷

宋不著撰人名氏。《守山閣叢書》本。《四庫》著録。

樂善録二卷

宋李昌齡撰。《稗海》本。

善誘文一卷

宋陳録撰。《百川學海》本。

獨醒雜志十卷

宋曾敏行撰。《知不足齋叢書》本。《四庫》著録。

癸辛雜識六卷

宋周密撰。《稗海》本。《津逮祕書》本，分前、後兩集，各一卷，續、别兩集，各二卷。

《四庫》著録。

隨隱漫録五卷

宋陳世崇撰。《稗海》本。《四庫》著録。

寓簡十卷

宋沈作喆撰。《知不足齋叢書》本。《四庫》著録，入雜家。

齊居紀事一卷

宋陸游撰。《放翁全集》本。

鶴山筆録一卷

宋魏了翁撰。《函海》本。《四庫》存目，入雜家。

螢雪叢説二卷

宋俞成撰。《稗海》本。《四庫》存目，入雜家。

佩韋齋輯聞四卷

宋俞德鄰撰。《讀畫齋叢書》本。

志雅堂雜鈔二卷

宋周密撰。《粤雅堂叢書》本。《四庫》存目，入雜家。

醉翁談録八卷

宋金盈之撰。《碧琳琅館叢書》本。

日聞録一卷

元李翀撰。《函海》本。《守山閣叢書》本。

山居新語四卷

元楊瑀撰。《武林往哲遺著》本。《知不足齋叢書》本。《四庫》著録。

山村稗史一卷

元仇遠撰。《武林往哲遺著》本。

吴中舊事一卷

元陸友仁撰。《函海》本。

閒居録一卷

元吾丘衍撰。《武林往哲遺著》本。

雪履齋筆記一卷

元郭翼撰。《函海》本。

研北雜志二卷

元陸友仁撰。《唐宋叢書》本。

山房隨筆一卷

元蔣子正撰。《稗海》本。《知不足齋叢書》本。《雲自在龕叢書》本，附《佚文》一卷。《四庫》著録。

至正直記四卷

元孔齊賢撰。《粤雅堂叢書》本。《四庫》存目。

北軒筆記一卷

元陳世隆撰。《知不足齋叢書》本。

古杭雜記一卷

元李有撰。《武林掌故叢編》本。

青樓集一卷

元黄雪簑撰。《説海》本。

遂昌雜録一卷

元鄭元祐撰。《讀畫齋叢書》本。《稗海》本。《四庫》著録。

輟耕録三十卷

元陶宗儀撰。《津逮祕書》本。《四庫》著録。

鶡林子五卷

明趙鉞撰。《琳瑯祕室叢書》本。

陶庵夢憶八卷

明張岱撰。《粵雅堂叢書》本。

洗硯新録一卷投甕隨筆一卷

明姜南撰。《藝海珠塵》本。

半村閒談一卷抱璞簡記一卷風月堂雜識一卷學圃餘力一卷墨畬錢鎛一卷瓠里筆談一卷

蓉塘紀聞一卷叩舷憑軾録一卷

明姜南撰。《藝海珠塵》本。

天香閣隨筆三卷

明李介撰。《粤雅堂叢書》本。

俚言解二卷

明陳士元撰。《歸雲外集》本。

菽園雜記十五卷

明陸容撰。《守山閣叢書》本。《四庫》著録。

野獲編三十卷

明沈德符撰。道光丁亥姚氏扶荔山房刻本。

敝帚齋餘談一卷

明沈德符撰。《檇李遺書》本。

墐户録一卷

明楊慎撰。《函海》本。

碧里雜存一卷後集一卷

明董穀撰。《碧里六種》本。《四庫》存目。

湧幢小品三十二卷

明朱國楨撰。明天啟二年刻本。

韻石齋筆談二卷

明姜紹書撰。《嘯園叢書》本。

徐氏筆精八卷

明徐𤊹撰。明崇禎四年刻本。《碧琳琅館叢書》本。

玉芝堂談薈三十六卷

明徐應秋撰。明刻本。康熙四十二年靳治荆修鋪。《四庫》著録，入雜家。

水東日記三十八卷

明葉盛撰。明刻本。康熙刻本，四十卷。

先進遺風二卷

明耿定向撰。《湖北先正遺書》本。《四庫》著録。

何氏語林三十卷

明何良俊撰。明嘉靖三十年刻本。《四庫》著録。

世説新語補四卷

舊本題明何良俊撰，王世貞删定。《四庫》存目。

近峰聞略八卷

明皇甫録撰。《四庫》存目。《五朝小説》本。續《説郛》本，題皇甫庸。

汝南遺事二卷

明李本固撰。《四庫》存目。昭文張海鵬刻《借月山房叢鈔》本。

見聞録八卷

明陳繼儒撰。《四庫》存目。《寶顔堂秘笈》本。又陳眉公《十種藏書》本，四卷。

太平清話四卷

明陳繼儒撰。《四庫》存目。《寶顔堂秘笈》本。又陳眉公《十種藏書》本，二卷。

隴蜀餘聞一卷

清王士禎撰。《四庫》存目。《漁洋山人著述》本。

皇華紀聞四卷
清王士禎撰。《四庫》存目。《漁洋山人著述》本。

居易録三十四卷
清王士禎撰。康熙間原刻本。《四庫》著録，入雜家。

池北偶談二十六卷
清王士禎撰。王廷掄校刻本。《四庫》著録，入雜家。

香祖筆記十二卷
清王士禎撰。康熙刻《漁洋全集》本。《四庫》著録，入雜家。

分甘餘話四卷
清王士禎撰。康熙庚寅淮南黄乂刻本。《四庫》著録，入雜家。

古夫于亭雜録六卷

清王士禎撰。康熙辛丑刻本。《四庫》著録，入雜家。

婦人集一卷

清陳維崧撰。《海山仙館叢書》本。

今世説八卷

清王晫撰。《粤雅堂叢書》本。《四庫》存目。

越語肯綮録一卷

清毛奇齡撰。《西河全集》本。

柚堂續筆談三卷

清盛百二撰。《檇李遺書》本。

東臯雜抄三卷

清董潮撰。《藝海珠塵》本。

小滄浪筆談四卷
清阮元撰。《文選樓叢書》本。

定香亭筆談四卷
清阮元撰。《文選樓叢書》本。

茶餘客話十二卷
清阮葵生撰。《藝海珠塵》本。

恩福堂筆記二卷
清英和撰。道光丁酉刻本。

養吉齋叢録二十六卷餘録十卷
清吴振棫撰。光緒間吴氏家刻本。

竹葉亭雜記八卷

清姚元之撰。光緒癸巳家刻本。

五山志林八卷

清羅天尺撰。《嶺南遺書》本。

藤陰雜記十二卷

清戴璐撰。光緒三年京師刻本。

公車見聞録一卷

清林伯桐撰。《修本堂叢書》本。

梅叟閒評四卷

清郝培元撰。《郝氏遺書》本。

曬書堂筆録六卷

清郝懿行撰。《郝氏遺書》本。

碧聲吟館談塵四卷

清許善長撰。西泠吟社活字印本。

板橋雜記三卷

清余懷撰。康熙原刻本。吴震方刻《説鈴》本。

矩齋雜記一卷

清施閏章撰。《愚山全集》本。

簷曝雜記六卷

清趙翼撰。《甌北全集》本。

滇南憶舊録一卷

清張泓撰。《藝海珠塵》本。

尾蔗叢談四卷

清李調元撰。《函海》本。

兩般秋雨庵隨筆八卷

清梁紹壬撰。通行本。

重論文齋筆録十二卷

清王端履撰。《紹興先正遺書》本。

退庵隨筆二十二卷

清梁章鉅撰。《二思堂叢書》本。

壺東漫録 一卷

清俞樾撰。《春在堂全書》本。

寸陰叢録四卷識小録八卷

清姚瑩撰。《中復堂全集》本。

遜志堂雜鈔十卷

清吴翌鳳撰。《槐廬叢書》本。

思益堂日記十卷

清周壽昌撰。《思益堂全集》本。

漁舟紀談三卷

清彭崧毓撰。同治元年刻本。

蕉軒續録二卷

清方濬師撰。光緒十八年聚珍版本。

無事爲福齋隨筆二卷

清韓泰華撰。《功順堂叢書》本。

庸盦筆記六卷

清薛福成撰。光緒二十三年刻本。

椒生隨筆八卷

清王之春撰。光緒丁丑刻本。

大東世語五卷

日本南郭服元喬撰。寬延元年刻本，當中國乾隆十三年。

以上小説類雜記雜説之屬

神異經一卷

舊題漢東方朔撰。王謨《漢魏叢書》本。武昌局本。《龍威祕書》本。《四庫》著録。

十洲記一卷

舊題漢東方朔撰。王謨《漢魏叢書》本。武昌局本。《龍威祕書》本。《四庫》著録。

穆天子傳六卷

舊題晉郭璞撰。《漢魏叢書》本。《龍威秘書》本。平津館刻本。《四庫》著録。

漢武帝内傳一卷

舊題漢班固撰。王謨《漢魏叢書》本。《守山閣叢書》本，附《校勘記》一卷，《佚文》一卷。《龍威秘書》本。《四庫》著録。

洞冥記四卷

舊題漢郭憲撰。王謨《漢魏叢書》本。武昌局本。《龍威秘書》本。《四庫》著録。

拾遺記十卷

晉王嘉撰。《稗海》本。王謨《漢魏叢書》本。武昌局本。《四庫》著録。

搜神記八卷

舊題晉干寶撰。《稗海》本。《漢魏叢書》本。武昌局本。《龍威秘書》本。《四庫》著録。

搜神後記十卷

舊題晉陶潛撰。《津逮秘書》本。武昌局本。《漢魏叢書》本。《四庫》著録。

幽明録一卷

宋劉義慶撰。《琳瑯秘室叢書》本。

異苑十卷

宋劉敬叔撰。《津逮秘書》本。《唐宋叢書》本。《四庫》著録。

續齊諧記一卷

梁吴均撰。王謨《漢魏叢書》本。《四庫》著録。

述異記三卷

舊題梁任昉撰。《稗海》本。《漢魏叢書》本。《隨庵叢書》仿宋刻本。

武昌局本。《四庫》著録。

還冤志三卷

北周顔之推撰。《漢魏叢書》本。《四庫》著録。

前定録一卷續録一卷

唐鍾輅撰。《百川學海》本。《四庫》著録。

劇談録二卷

唐康駢撰。《津逮秘書》本。光緒甲辰劉世珩校刻本。《四庫》著録。

龍城録二卷

唐柳宗元撰。《百川學海》本。《柳柳州集》附刻本。

酉陽雜俎二十卷續集十卷

唐段成式撰。《津逮秘書》本。武昌局本。《四庫》著録。

唐闕史二卷

舊本題唐高彦休撰。《知不足齋叢書》本。武昌局本。《龍威秘書》本。《四庫》著録。

三水小牘二卷佚文一卷

唐皇甫枚撰。《抱經堂叢書》本。《雲自在龕叢書》本。

續幽怪録四卷拾遺二卷

唐李復言撰。《琳瑯秘室叢書》本。《隨庵叢書》仿宋刻本。

宣室志十卷補遺一卷

唐張讀撰。《稗海》本。《四庫》著録。

甘澤謡一卷

唐袁郊撰。《津逮秘書》本。《四庫》著録。

開天傳信記一卷

唐鄭綮撰。《百川學海》本。《四庫》著録。

録異記八卷

蜀杜光庭撰。明胡震亨《秘册彙函》本。

稽神録六卷拾遺一卷

宋徐鉉撰。《津逮秘書》本。《四庫》著録。

江淮異人録二卷

宋吴淑撰。《知不足齋叢書》本。《函海》本。《四庫》著録。

太平廣記五百卷

宋李昉等撰。明嘉靖中許自昌刻大字本。又嘉靖丙寅談愷刻本，有愷序。《四庫》著録。

茅亭客話十卷

宋黄休復撰。《津逮秘書》本。《琳瑯秘室叢書》本。光緒乙巳繆荃孫重刻黄丕烈影宋本。《四庫》著録。

異聞總録四卷

不著撰人名氏。《稗海》本。

閑窗括異志一卷

宋魯應龍撰。《稗海》本。

睽車志六卷

宋郭彖撰。《稗海》本。《四庫》著録。

夷堅志甲集二十卷乙集二十卷丙集二十卷丁集二十卷

宋洪邁撰。《十萬卷樓叢書》本。《四庫》著録，五十卷。

續夷堅志四卷

金元好問撰。《遺山全集》附刻本。

鬼董五卷

元沈氏撰。《知不足齋叢書》本。《龍威秘書》本。

虎苑二卷

明王穉登撰。《述古叢鈔》本。《翠琅玕館叢書》本。

表異録二十卷

明王志堅撰。《惜陰軒叢書本》。

觚賸八卷續編四卷

清鈕琇撰。康熙原刻本。

虞初新志二十卷

清張潮撰。康熙辛巳原刻本。

閲微草堂筆記五種二十四卷

清紀昀撰。嘉慶庚申盛時彦刻本。

二十二史感應録二卷

清彭希涑撰。《海山仙館叢書》本。

子不語二十四卷續新齊諧十卷

清袁枚撰。《隨園全集》本。

右台仙館筆記十六卷

清俞樾撰。《春在堂叢書》本。

池上草堂筆記十六卷

清梁恭辰撰。河南開封刻本。

以上小説類異聞之屬

右子部小説類一百零八種，一千九百二十五卷，重者不計。

子部十四

類書類

皇覽一卷

魏繆襲撰。《問經堂叢書》本。

聖賢羣輔録二卷

一名《四八目》，舊附載《陶淵明集》中。《四庫》存目。

錦帶書一卷

梁蕭統撰。《津逮秘書》本。《四庫》存目。

修文殿御覽一卷

北齊武平三年敕撰。羅振玉影印唐卷子殘本。

玉燭寶典十一卷

隋杜臺卿撰。《古佚叢書》仿刻唐卷子本。

藝文類聚一百卷

唐歐陽詢撰。明嘉靖丁亥胡纘宗重刻宋小字本。明嘉靖己酉山西平陽精刻本。《四庫》著録。

北堂書鈔一百六十卷

唐虞世南撰。光緒戊子南海孔廣陶三十萬卷樓重刻孫星衍、嚴可均舊抄校本。《四庫》著録。

龍筋鳳髓判四卷

唐張鷟撰。明劉允鵬注。《湖海樓叢書》本。《海山仙館叢書》本。《四庫》著録。

初學記三十卷

唐徐堅撰。明嘉靖辛卯錫山安國校刊本。明嘉靖丁酉陳大科刻本。《四庫》著録。

白孔六帖一百六卷
唐白居易、孔傳撰。明嘉靖中仿宋刻本。《四庫》著録。

稽瑞一卷
唐劉賡撰。《後知不足齋叢書》本。

標題補注蒙求三卷
晉李瀚撰。宋徐子光注。《四庫》存目。通行本。

事類賦三十卷
宋吴淑撰。明嘉靖壬辰華麟祥刻本。《四庫》著録。

太平御覽一千卷
宋李昉等撰。嘉慶二十三年鮑崇城校刻宋本。《四庫》著録。

册府元龜一千卷

宋王欽若等撰。明崇禎壬午李嗣京刻本。《四庫》著録。

事物紀原十卷

宋高承撰。《惜陰軒叢書本》。《四庫》著録。

書叙指南二十卷

宋任廣撰。《惜陰軒叢書本》。《四庫》著録。

歲時廣記四十二卷

宋陳元靚撰。《十萬卷樓叢書》本。

永嘉八面鋒十三卷

不著撰人名氏。《湖海樓叢書》本。《四庫》著録。

錦繡萬花谷前集四十卷後集四十卷續集四十卷別集三十卷

宋不著撰人名氏。明嘉靖丙申秦汴繡石書堂刻元小字本。《四庫》著録。

事文類聚前集六十卷後集五十卷續集二十八卷別集三十二卷集三十六卷外集十五卷

宋祝穆撰。新、外集元富大用撰。明萬曆甲辰唐富春刻本。《四庫》著録。

分門古今類事二十卷

宋不著撰人名氏《十萬卷樓叢書》本。

鷄肋一卷

宋趙崇絢撰。《百川學海》本。

韻府羣玉二十卷

宋陰時夫撰。《四庫》著録。明刻本。

玉海二百卷

宋王應麟撰。嘉慶丙寅康基田江甯藩署刻本，附《詞學指南》四卷。《四庫》著録。

小學紺珠十卷

宋王應麟撰。《津逮秘書》本。《玉海》附刻本。《四庫》著録。

山堂考索二百一十二卷

宋章如愚撰。明正德戊辰慎獨齋刊本，共四集。《四庫》著録。

漢唐事箋十二卷後集八卷

元朱禮撰。《粤雅堂叢書》本。

純正蒙求三卷

元胡炳文撰。《四庫》著録。鍾祥黄氏刻本。

唐類函二百卷

明俞安期撰。明萬曆癸卯家刻本。《四庫》存目。

日涉編十二卷

明陳堦撰。明萬曆辛亥徐養量刻本。《四庫》存目，入史部時令。

山堂肆考二百二十八卷補遺十二卷

明彭大翼撰。明刻本。《四庫》著録。

天中記六十卷

明陳耀文撰。明萬曆乙未自刻本。《四庫》著録。

文安策略十卷

明劉定之撰。《四庫》存目。明刻本。

謝華啟秀八卷

明楊慎撰。《函海》本。《四庫》存目。

均藻四卷

明楊慎撰。《函海》本。《四庫》存目。

哲匠金桴五卷

明楊慎撰。《函海》本。《四庫》存目。

原始秘書十卷

明涵虚子臞仙撰。明萬曆間周曰校刻本。《四庫》存目。

羣書備考四卷

明袁黄撰。明刻本。禁書。

類林八卷

明焦竑撰。《粤雅堂叢書》本。

潛確類書一百二十卷

明陳仁錫撰。崇禎庚午刻本。禁書。

淵鑒類函四百五十卷

清康熙四十九年敕撰。内府刻本。《四庫》著録。

子史精華一百六十卷

清康熙六十年敕撰。内府刻本。《四庫》著録。

佩文韵府四百四十三卷拾遺一百十三卷

清康熙四十三年敕撰。《拾遺》康熙五十九年敕撰。内府刻本。《四庫》著録。

月令輯要二十四卷圖説一卷

清康熙五十四年敕撰。内府刻本。《四庫》著録，入史部時令。

讀書記數略五十四卷

清宫夢仁撰。康熙四十六年刻本。《四庫》著録。

小知録十二卷

清陸鳳藻撰。淮南局本。

駢字類編二百四十卷

清康熙五十八年敕撰。内府刻本。《四庫》著録。

格致鏡原一百卷

清陳元龍撰。雍正十三年刻本。《四庫》著録。

通俗編三十八卷

清翟灝撰。乾隆辛丑無不宜齋自刻本。

五經類編二十八卷

清周世樟撰。通行本。《四庫》存目。

月令粹編二十一卷

清秦嘉謨撰。嘉慶壬申家刻本。

唐詩金粉十卷

清沈炳震撰。冬讀書堂刻本。

小繁露一卷

清俞樾撰。《春在堂全書》本。

右子部類書類五十四種，五千七百六十八卷，重者不計。

崇雅堂書録卷之十終

崇雅堂書録卷之十一

潛江甘鵬雲藥樵編

集部一

楚辭類

楚辭五卷

楚屈原撰。《乾坤正氣集》本。

楚辭章句十七卷

漢王逸注。光緒辛卯趙尚輔刻《湖北叢書》本。同治十一年金陵書局仿汲古閣本。《四庫》著録。

楚辭補註十七卷
宋洪興祖補。道光丙午李錫齡刻《惜陰軒叢書》本。《四庫》著録。

楚辭集註八卷辨證二卷後語六卷
宋朱子撰。光緒甲申黎庶昌刻《古逸叢書》本。江蘇局本。《四庫》著録。

楚辭集註八卷
宋朱子撰。聽雨齋刻朱墨本，無年月。

篆文楚辭五卷
無篆人名氏。明正德十五年刻本。

離騷集傳一卷
宋錢杲之撰。乾隆丁未鮑廷博刻《知不足齋叢書》本。光緒甲辰徐乃昌《隨庵叢書》仿刻宋本。湖北局本。《龍威祕書》本。

離騷草木疏四卷

宋吴仁傑撰。《知不足齋叢書》本。《龍威祕書》本。湖北局本。《四庫》著録。

騷略三卷

宋高似孫撰。《百川學海》本。《四庫》存目。

屈宋古音義三卷

明陳第撰。《學津討源》本。張裕釗刻本。

楚辭通釋十四卷

清王夫之撰。同治四年曾國藩刻《船山遺書》本。

莊屈合詁十二卷

清錢秉鐙撰。斟雉堂刻本,無年月。互見。

騷筏一卷

清賀貽孫撰。咸豐六年賀鳴盛刻本。

離騷經注一卷九歌注一卷

清李光地撰。《榕村全書》本。

天問補註一卷

清毛奇齡撰。康熙庚子家刻《西河合集》本。

山帶閣楚辭註六卷餘論二卷説韻一卷

清蔣驥註。康熙癸巳山帶閣刻本。《四庫》著録。

離騷正義一卷

清方苞撰。乾隆十一年家刻《望溪全集》本。

屈原賦注七卷通釋二卷音義三卷

清戴震撰。乾隆庚辰汪梧鳳刻本。《湖北先正遺書》本，《音義》託名汪梧鳳，亦東原所爲也。《廣雅叢書》本。

離騷箋二卷

清龔景瀚撰。《澹静齋全書》本。湖北局本。

離騷補註一卷

清朱駿聲撰。道光己酉朱氏家塾刻本。

楚辭辨韻一卷

清陳昌齊撰。《嶺南遺書》本。

楚辭人名攷一卷

清俞樾撰。《春在堂全書》本。

反離騷一卷

漢揚雄撰。吴興張氏《擇是居叢書》本。

右集部楚辭類二十三種，一百三十七卷，重者不計。

集部二

別集類上

董子文集一卷

漢董仲舒撰。《畿輔叢書》本。《四庫》存目。

賈長沙集一卷

漢賈誼撰。明張溥編刻《漢魏六朝百三家集》本。

司馬文園集一卷

漢司馬相如撰。《百三家集》本。

劉子政集一卷

漢劉向撰。《百三家集》本。

揚子雲集六卷

漢揚雄撰。明鄭璞輯刻本。明汪士賢刻《漢魏二十一家集》本，三卷。《四庫》著録。

皇甫司農集一卷

漢皇甫規撰。道光元年張澍輯刻《二酉堂叢書》本。

張太常集一卷

漢張奂撰。《二酉堂叢書》本。

段太尉集二卷

漢段熲撰。《二酉堂叢書》本。

張河間集二卷

漢張衡撰。《百三家集》本。

楊議郎著書一卷

漢楊孚撰。《嶺南遺書》本。

鄭司農集一卷

漢鄭玄撰。《雅雨堂叢書》本。

孔北海集一卷

漢孔融撰。《乾坤正氣集》本。《四庫》著録。

王叔師集一卷

漢王逸撰。《百三家集》本。

蔡中郎集十卷外紀一卷外集四卷附本傳年表一卷

漢蔡邕撰。咸豐二年楊以增海源閣重刻宋本。光緒庚寅番禺陶氏愛廬重刻海源閣本。光緒辛巳陸心源十萬卷樓重刻明蘭雪堂本。《四庫》著録六卷。

諸葛忠武集四卷

蜀漢諸葛亮撰。嘉慶十一年張澍輯刻本。《正誼堂全書》本。又朱璘輯本。《四庫》存目。

魏文帝集二卷

魏曹丕撰。《百三家集》本。

曹子建集十卷

魏曹植撰。《二十一家集》本。《四庫》著録。

曹集銓評十卷逸文一卷年譜一卷集説一卷附録一卷

清丁晏撰。同治十一年金陵書局本。

阮嗣宗集二卷

魏阮籍撰。《二十一家集》本。

嵇中散集九卷

魏嵇康撰。《乾坤正氣集》本。《二十一家集》本，十卷。《四庫》著録十卷。

陸士衡集十卷

晉陸機撰。明汪士賢刻《二俊集》本。咸豐三年錢名培刻《小萬卷樓叢書》本，有《札記》。《四庫》未著録。

陸士龍集十卷

晉陸雲撰。明刻《二俊集》本。《四庫》著録。

張司空集十卷

晉張華撰。《乾坤正氣集》本。

傅鶉觚集三卷

晉傅玄撰，清葉德輝輯。觀古堂刻本。

郭弘農集二卷

晉郭璞撰。《乾坤正氣集》本。

支遁集二卷補遺一卷

晉支遁撰。光緒甲申徐幹刻本。

陶淵明集十卷

晉陶潛撰，宋陽子烈編。光緒己卯胡伯蓟仿宋蘇軾書大字本。光緒二年莫繩孫仿宋縮刻小字本。

陶淵明集八卷

晉陶潛撰。光緒甲申江蘇書林仿宋紹熙十行本。《四庫》著録。

陶靖節詩註四卷

宋湯漢撰。嘉慶元年吴騫《拜經樓叢書》重刻宋本。光緒乙酉會稽章氏重刻拜經樓本。

箋註陶淵明集十卷
宋李公焕撰。宣統辛亥劉世珩仿宋刻本。

陶詩析義四卷
明黄文焕撰。明刻本。《四庫》存目，一卷。

鮑參軍集十卷
宋鮑照撰。《二十一家集》本。明正德庚午朱應登刻本。《四庫》著録。

謝康樂集五卷
宋謝靈運撰。明萬曆癸未焦竑校刻本。

謝法曹集一卷
宋謝惠連撰。《二十一家集》本。

顔光禄集一卷

宋顔延之撰。《百三家集》本。

袁忠憲集一卷

宋袁淑撰。《乾坤正氣集》本。

謝宣城集五卷

齊謝朓撰。明嘉靖丁酉任邱黎晨刊本。明汪士賢校刻本。章氏重刻拜經樓本。《四庫》著録。

昭明太子集六卷

梁昭明太子蕭統撰。光緒丁酉盛宣懷《常州先哲遺書》重刻汪士賢本。《四庫》著録。

沈隱侯集二卷

梁沈約撰。《二十一家集》本。

任彦昇集六卷

梁任昉撰。《二十一家集》本。

江文通集四卷

梁江淹撰。乾隆戊寅梁賓校刻本。《四庫》著録。

江文通集彙注十卷

明胡人驥注刻本。

陰常侍集一卷

梁陰鏗撰。《二酉堂叢書》本。

何水部集一卷

梁何遜撰。明正德丁丑張紘刻本。《四庫》著録。

陶貞白集二卷

梁陶弘景撰。葉德輝觀古堂刻本。蔣國榜刻《金陵叢書》本。

高令公集一卷

北魏高允撰。《畿輔叢書》本。

徐孝穆集箋註六卷

陳徐陵撰，清吴兆宜箋。揚州吴氏刻本。《四庫》著録。

庾開府集箋註十卷

北周庾信撰，清吴兆宜箋註。揚州吴氏刻本。《四庫》著録。

庾子山集註十六卷總釋一卷年譜一卷

北周庾信撰，清倪璠註。倪氏自刻本。《湖北先正遺書》本。《四庫》著録。

以上集部别集類漢魏六朝人詩文集之屬

魏鄭公文集三卷詩集一卷

唐魏徵撰。《畿輔叢書》本。

王子安集十六卷

唐王勃撰。乾隆辛丑項家達刻《初唐四傑集》本。《四庫》著録。

王子安集註二十卷首末二卷

唐王勃撰，清蔣清翊註。光緒癸未刻本。

盈川集十卷附録一卷

唐楊炯撰。項刻《初唐四傑集》本。《四庫》著録。

盧昇之集七卷

唐盧照鄰撰。項刻《初唐四傑集》本。《畿輔叢書》本。《四庫》著録。

駱丞集四卷

唐駱賓王撰。項刻《初唐四傑集》本。《四庫》著録。《金華叢書》本，附《攷異》一卷。

駱賓王集十卷考異一卷

唐駱賓王撰。嘉慶丙子秦恩復刻《三唐人集》本。

褚亮集一卷

唐褚亮撰。光緒丁酉丁丙刻《武林往哲遺著》本。

褚遂良集一卷

唐褚遂良撰。《武林往哲遺著》本。

陳伯玉集五卷

唐陳子昂撰。道光丁酉楊國楨刻本。《四庫》著録十卷。

張説之集二十五卷補遺五卷

唐張説撰。光緒乙巳仁和朱氏結一廬重刻伍氏龍池草堂本。《四庫》著録。

曲江集十二卷附録一卷

唐張九齡撰。雍正甲寅張世綱刻本，鵬雲校過。《四庫》著録二十卷。

曲江集十二卷附録七種十四卷

唐張九齡撰。光緒庚寅張曉如校刻本。

李北海集六卷附録一卷

唐李邕撰。《乾坤正氣集》本。《湖北先正遺書》本，五卷。《四庫》著録。

李翰林集三十卷

唐李白撰。西泠印社仿宋咸淳刻本。劉世珩仿宋咸淳刻本。《四庫》著録。

李太白集三十卷

唐李白撰。康熙五十六年繆曰芑仿宋刻本。武昌局繙繆刻本。

李太白集註三十二卷

清王琦註。乾隆己卯王氏刻本。《四庫》著録三十六卷，六字疑誤。

草堂詩箋四十卷外集一卷補遺十卷傳志一卷年譜二卷詩話二卷

唐杜甫撰，宋蔡夢弼會箋。《古佚叢書》仿宋麻沙大字本。《補遺》繙朝鮮刻本。

草堂詩箋二十二卷詩話二卷年譜二卷

宋蔡夢弼會箋。巴陵方氏碧琳琅館重刻元本。

集千家註杜詩二十卷

元高楚芳編。明許自昌校刻本。《四庫》著録。

杜工部集箋註二十卷詩話一卷附録一卷

清錢謙益撰。康熙六年季滄葦刻本。

評本杜工部集二十卷

明王世貞、王慎中，清王士禛、宋犖、邵長蘅評。道光甲午盧坤五色套印本。光緒丙子粵東翰墨園刻五色套印本。

杜詩鏡銓二十卷文集注二卷附録一卷

清楊倫撰。乾隆辛亥自刻本。同治十一年吴棠重刻本。

杜詩詳註二十五卷附編二卷

清仇兆鰲撰。通行本。《四庫》著録。

杜詩註解二十卷杜文註解二卷編年詩史譜一卷

清張溍撰。讀書堂刻本。《四庫》存目。

讀杜心解六卷

清浦起龍撰。雍正二年寧我齋刻本。《四庫》存目。

王輞川集四卷考異一卷

唐王維撰。同治九年胡鳳丹刻《唐四家詩集》本。

王右丞集註二十八卷附録二卷

唐王維撰。清趙殿成註。趙氏家刻本。《四庫》著録。

高常侍集二卷

唐高適撰。《畿輔叢書》本。《四庫》著録十卷。

孟襄陽集二卷

唐孟浩然撰。胡鳳丹刻《唐四家集》本，附《考異》。

孟浩然集四卷

明凌濛初刻朱墨套印本。《四庫》著録。《湖北先正遺書》本，三卷。

元次山集十二卷

唐元結撰。明刻本。《四庫》著録。

李嶠雜詠二卷

唐李嶠撰。《藝海珠塵》本。湖北官書局刻《巾箱叢書》本。日本刻《佚存叢書》本。

顔魯公集十四卷

唐顔真卿撰。《乾坤正氣集》本。

顔魯公集十五卷補遺一卷年譜一卷附録一卷

明嘉靖二年錫山安國刻本。萬曆二十四年顔胤祚刻本。《四庫》著録。

劉隨州集十一卷

唐劉長卿撰。席刻《百家唐詩》本。《畿輔叢書》本。《四庫》著録。

韋蘇州集十卷

唐韋應物撰。項絪玉淵堂刻本。上海影印項氏玉淵堂本。胡鳳丹刻《唐四家集》本，附《考異》。《四庫》著録。

陸宣公集二十二卷

唐陸贄撰。雍正元年年羹堯刻本。

李君虞集二卷

唐李益撰。席刻《百家唐詩》本。

李尚書詩集一卷

唐李益撰。《二西堂叢書》本。

蕭茂挺文集一卷

唐蕭穎士撰。《常州先哲遺書》本。《四庫》著録。

權載之文集五十卷

唐權德輿撰。清嘉慶十一年朱珪校刻本。此本足。《四庫》著録十卷，不足。

韓文四十卷外集十卷遺集一卷

唐韓愈撰。明嘉靖丁酉游居敬刻本，無注。同治九年廣東陳璞刻本，無注，無《外集》。

東雅堂韓昌黎集註四十卷外集十卷遺文一卷

宋廖瑩中撰。明萬曆中徐時泰東雅堂仿世綵堂刻本。江蘇書局重刻東雅堂本。《四庫》著録。

世綵堂韓昌黎集註四十卷外集十卷遺文一卷集傳一卷

宋廖瑩中撰。蟫隱廬景宋世綵堂本，附陳景雲《點勘》四卷。

韓昌黎集輯註四十卷外集十卷遺文一卷附録一卷

明蔣之翹註。崇禎癸酉刻本。

韓昌黎詩集註十一卷

清顧嗣立註。康熙己卯秀野草堂刻本。穆彰阿刻朱墨套印本。膺德堂重刻朱墨套印本。

韓集點勘四卷

清陳景雲撰。乾隆甲戌陳黄中刻《文道十書》本。同治乙巳江蘇書局重刻本。《四庫》著録。

柳文四十三卷別集二卷外集二卷附録一卷

唐柳宗元撰。明游居敬刻本，無注。

濟美堂河東先生集四十五卷外集二卷龍城録二卷附録二卷集傳一卷

唐柳宗元撰。明嘉靖中東吴郭雲鵬濟美堂重刻宋本。《四庫》著録。

世綵堂河東先生集註四十五卷外集二卷

宋廖瑩中撰。蟫隱廬景印宋世綵堂刻本，附《雜識》及《廖藥洲事輯》。

柳河東集註四十五卷外集五卷龍城録一卷

明蔣之翹註。崇禎癸酉自刻本。乾隆戊申楊廷理重刻本。

柳柳州詩集四卷

唐柳宗元撰。同治九年胡鳳丹刻《唐四家詩集》本，附《攷異》。

柳柳州文鈔十二卷

唐柳宗元撰，明茅坤選。茅一桂刻本。

盧仝集三卷

唐盧仝撰。《畿輔叢書》本。

樊紹述集注二卷

唐樊宗師撰。清孫之騄注。紹興樊鎮刻本。《四庫》存目。

劉賓客文集三十卷外集十卷

唐劉禹錫撰。光緒乙巳仁和朱氏結一廬校刻明抄宋本。《畿輔叢書》本，有《補遺》一卷，無《外集》。《四庫》著録。

呂衡州集十卷

唐呂温撰。道光丁亥秦恩復刻《三唐人集》本，附《攷異》一卷。《粤雅堂叢書》重刻秦本。《四庫》著録。

皇甫持正集六卷

唐皇甫湜撰。明毛氏汲古閣刻《三唐人集》本。光緒丙子馮焌重刻汲古閣本。繆荃孫刻《後三唐人集》本，附《校勘記》一卷。《四庫》著録。

李文公集十八卷

唐李翱撰。馮焌光重刻汲古閣本。《四庫》著録。

張司業集八卷拾遺一卷附録一卷

唐張籍撰。席刻《百家唐詩》本。

歐陽行周集十卷

唐歐陽詹撰。繆荃孫刻《後三唐人集》本，附《校勘記》一卷。《四庫》著録。

李元賓文編六卷

唐李觀撰。秦恩復刻《三唐人集》本。《粤雅堂叢書》重刻秦本。《畿輔叢書》本。《四庫》著録二卷，《外編》二卷。

長江集十卷附録六卷

唐賈島撰。《畿輔叢書》本。《四庫》著録。

李長吉歌詩四卷集外詩一卷

唐李賀撰。明毛晉刻《四唐人集》本。《四庫》著録。葉德輝景印汲古閣本。

評點李長吉集四卷外集一卷

唐李賀撰。黄陶庵、黎二樵評點。宣統元年掃葉山房朱墨套印本。

李長吉歌詩彙解四卷外集一卷

唐李賀撰，清王琦註。乾隆五十二年王氏自刻本。《四庫》存目。

沈下賢集十二卷

唐沈亞之撰。光緒乙未葉德輝觀古堂刻本。《四庫》著録。

羊士諤詩集一卷

唐羊士諤撰。席刻《百家唐詩》本。

戎昱詩集二卷

唐戎昱撰。席刻《百家唐詩》本。

戴叔倫詩集二卷補遺一卷

唐戴叔倫撰。席刻《百家唐詩》本。

會昌一品集二十卷别集十卷外集四卷補遺一卷

唐李德裕撰。《畿輔叢書》本。《四庫》著録。

竇氏聯珠集五卷

唐竇常、竇牟、竇羣、竇庠撰。明毛晉刻《四唐人集》本。葉德輝影印汲古閣本。

元氏長慶集六十卷補遺六卷

唐元稹撰。明萬曆甲辰馬元調刻本。《四庫》著録七十一卷，誤。

白氏長慶集七十一卷

唐白居易撰。明馬元調刻本。《四庫》著録。

白香山詩集四十卷年譜二卷

唐白居易撰。清汪立名編校。康熙癸未一隅草堂刻本。《四庫》著録。

香山詩鈔二十卷

清楊大鶴編。康熙中武進楊氏刻本。《四庫》存目。

樊川詩集五卷

唐杜牧撰。席刻《百家唐詩》本。

樊川詩集四卷外集一卷别集一卷

唐杜牧撰，清馮集梧註。嘉慶三年刻本。光緒十六年湘南書局刻本。

樊川文集二十卷外集一卷别集一卷

唐杜牧撰。光緒丙申楊守敬景宋刻本。《四庫》著録。

李義山詩註三卷補註一卷

唐李商隱撰，清朱鶴齡註。順治己亥刻本。《四庫》著録。

三色評本李義山詩集三卷

清朱彝尊、何焯、紀昀評。同治庚午方功惠刻三色套印本。《四庫》著録。

李義山詩集箋註三卷

唐李商隱撰，清朱鶴齡註，程夢星删補。附《年譜》一卷、《詩話》一卷。乾隆甲子刻本。

李義山詩集箋註十六卷

唐李商隱撰，清姚培謙註。乾隆庚申松桂讀書堂刻本。

玉谿生詩詳註三卷附年譜一卷詩話一卷

唐李商隱撰，清馮浩註。乾隆庚子刻本。

樊南文集詳註八卷

唐李商隱撰，清馮浩註。乾隆庚子刻本。

温飛卿集箋註九卷

唐温庭筠撰，清顧予咸、顧嗣立箋註。康熙丁丑秀野草堂刻本。《四庫》著録。

丁卯集二卷續集二卷續補一卷遺詩一卷

唐許渾撰。席刻《百家唐詩》本。《湖北先正遺書》本，三卷。《四庫》著録。

張祠部集一卷

唐張繼撰。席刻《百家唐詩》本。

薛濤詩一卷

唐薛濤撰。《翠瑯玕館叢書》本。

文泉子集六卷

唐劉蛻撰。《别下齋叢書》本。《四庫》著録一卷。

孫可之集十卷

唐孫樵撰。馮焌光刻《三唐人集》本。繆荃孫刻《後三唐人集》本。《四庫》著録。

孫文志疑十卷

清汪師韓撰。《叢睦汪氏遺書》本。

劉希仁文集一卷

唐劉軻撰。《嶺南遺書》本。

姚鵠詩集一卷

唐姚鵠撰。席刻《百家唐詩》本。

陳嵩伯詩集一卷

唐陳嵩伯撰。席刻《百家唐詩》本。

李丞相詩集二卷

唐李建勳撰。席刻《百家唐詩》本。

麟角集一卷

唐王棨撰。《知不足齋叢書》本。《四庫》著録。

皮子文藪十卷

唐皮日休撰。光緒壬午剡城于氏仿宋刻本。《湖北先正遺書》本。《四庫》著録。

笠澤叢書四卷補遺一卷

唐陸龜蒙撰。雍正辛亥陸鐘輝碧筠草堂重刻元至元庚寅本。大疊山房重刻本。《四庫》著録。

笠澤叢書七卷補遺一卷附考一卷

唐陸龜蒙撰。嘉慶己卯許槤仿宋刻本。

鄭巢詩一卷

唐鄭巢撰。《武林往哲遺著》本。

讒書五卷

唐羅隱撰。《拜經樓叢書》本。

雲臺編三卷

唐鄭谷撰。席刻《百家唐詩》本。《豫章叢書》本。《四庫》著録。

文標集三卷外録一卷

唐盧肇撰。《豫章叢書》本。

司空表聖文集十卷

唐司空圖撰。光緒乙巳仁和朱氏結一廬重刻曹學佺抄本。《乾坤正氣集》本，四卷。《四庫》著録。

唐英歌詩三卷

唐吴融撰。明毛晉刻《四唐人集》本。席刻《百家唐詩》本。葉德輝景印毛刻本。

禪月集十二卷

唐釋貫休撰。《金華叢書》本。

唐風集三卷

唐杜荀鶴撰。明毛晉刻《四唐人集》本。席刻《百家唐詩》本。光緒乙巳劉世珩刻《貴池唐人集》本。葉德輝景印毛刻本。

桂苑筆耕集二十卷

唐高麗崔致遠撰。道光丁未潘仕誠刻《海山仙館叢書》本。

魚元機詩一卷

唐女郎魚元機撰。長沙葉氏仿宋刻本。徐氏《隨庵叢書》仿宋刻本。

以上集部别集類唐人詩文集之屬

徐騎省集三十卷補遺一卷

宋徐鉉撰。光緒癸丑李宗媚刻本，附《校勘記》。《四庫》著録。

徐公文集三十卷

宋徐鉉撰。南陵徐乃昌影刻宋明州本。

逍遥集三卷

宋潘閬撰。《知不足齋叢書》本。《四庫》著録一卷。

咸平集三十卷

宋田錫撰。南城李氏宜秋館刻本。《四庫》著録。

寇忠愍集三卷

宋寇準撰。宜秋館刻本。《四庫》著録。

河東先生文集十五卷

宋柳開撰。清方功惠刻《三宋人集》本。《四庫》著録十卷。

尹河南先生文集二十七卷附録一卷

宋尹洙撰。方刻《三宋人集》本。《四庫》著録。

李忠愍集一卷

宋李若水撰。《乾坤正氣集》本。《畿輔叢書》本。《四庫》著録三卷。

小畜集三十卷

宋王禹偁撰。清乾隆庚辰趙塾典刻本。《四庫》著録。

穆參軍集三卷遺事一卷

宋穆修撰。方刻《三宋人集》本。《四庫》著録。

南陽集六卷拾遺一卷

宋趙湘撰。武英殿聚珍板本。《四庫》著録。

晏元獻遺文一卷

宋晏殊撰。宜秋館刻本。《四庫》著録。

武夷新集二十卷

宋楊億撰。嘉慶辛未祝昌泰刻《浦城遺書》本。《四庫》著録。

春卿遺稿一卷

宋蔣堂撰。《常州先哲遺書》本。《四庫》著録。

和靖詩集四卷

宋林逋撰。舊抄本。《四庫》著録。

宋元憲集四十卷

宋宋庠撰。武英殿聚珍板本。《湖北先正遺書》本，三十六卷。《四庫》著録。

宋景文集六十二卷拾遺二十二卷

宋宋祁撰。《湖北先正遺書》本。《四庫》著録六十二卷。《拾遺》爲光緒中會稽孫星華採補。

宋景文集二十二卷

宋宋祁撰。日本刻《佚存叢書》本，不全。

文恭集五十卷補遺二卷

宋胡宿撰。武英殿聚珍板本杭縮本。《四庫》著録。

安陽集五十卷

宋韓琦撰。明監察御史張士隆刻本。乾隆三十五年黄邦甯刻本。《四庫》著録。

韓魏公集二十卷

宋韓琦撰。《正誼堂叢書》本。

徂徠集二十卷

宋石介撰。康熙丙申石鍵刻本。《四庫》著録。正誼堂本，二卷。

范文正公集二十卷别集四卷補編五卷尺牘三卷

宋范仲淹撰。康熙丁亥范氏歲寒堂刻本。宣統庚戌鄒福保刻本。《四庫》著録《尺牘》，入存目。

范文正公集二十四卷

宋范仲淹撰。明萬曆己酉康丕揚刻本，附《年譜》一卷、《遺事》一卷。

范文正公集十二卷

宋范仲淹撰。明萬曆戊申毛一鷺刻本，附《褒賢祠録》二卷、《年譜》二卷。

蘇學士集十六卷

宋蘇舜欽撰。康熙戊寅徐惇復精刻本。《四庫》著録。

祖英集二卷

宋釋重顯撰。宜秋館刻本。《四庫》著録。

曾樂軒集一卷

宋張維撰。乾隆辛丑葛鳴陽刻張有《復古編》附刻本。《四庫》存目。

伐檀集二卷

宋黄庶撰。乾隆乙酉《山谷全集》附刻本。宜秋館刻本。《四庫》著録。

司馬温公集八十卷

宋司馬光撰。明崇禎刻本。《正誼堂全書》本，十四卷。

傳家集八十卷

宋司馬光撰。乾隆六年陳宏謀校刻本。附《年譜》一卷。《四庫》著録。

旴江集三十七卷年譜一卷外集三卷

宋李覯撰。雍正丁未李氏祠堂刊本。光緒十九年重刻本。《四庫》著録。

都官集十四卷

宋陳舜俞撰。宜秋館刻本。《四庫》著録。

金氏文集二卷

宋金君卿撰。宜秋館刻本。《四庫》著録。

邕州小集一卷

宋陶弼撰。宜秋館刻本。《四庫》著録。

鄖溪集三十卷

宋鄭獬撰。傳鈔本。蒲圻張國淦刻本，附《補遺》一卷、《校勘記》一卷。《湖北先正遺書》本，二十八卷。《四庫》著録。

丹淵集四十卷拾遺二卷年譜一卷附録二卷

宋文同撰。明萬曆庚戌毛晉刻本。明萬曆壬子蒲以懌刻本。《四庫》著録。又傳鈔本，已貽周退舟。

錢塘集十八卷附録一卷

宋韋驤撰。《武林往哲遺著》本。《四庫》著録十四卷。宋刻原十八卷，故丁刻仍之，其實衹十六卷，蓋一、二兩卷闕。

馮安岳集十二卷

宋馮山撰。宜秋館刻本。《四庫》著録。

元豐類稿五十卷

宋曾鞏撰。明萬曆刻本。湖南慈利刻本。《四庫》著録。

曾文定公集二十卷

宋曾鞏撰。康熙壬甲彭期刻本。

龍學文集十六卷

宋祖無擇撰。宜秋館刻本。《四庫》著録。

宛陵集六十卷附録一卷

宋梅堯臣撰。明萬曆丙子宋儀望重刻宋紹興本，葉氏觀古堂舊藏。康熙壬午徐七來刻本。上海影印徐刻本。《四庫》著録。

殘本宛陵集六十卷拾遺一卷附録一卷

明刻本，無年月。每半葉九行，行十八字，白口。卷一至卷八、卷十一至卷十八均闕。

劉忠肅集二十卷拾遺一卷

宋劉摯撰。《畿輔叢書》本。武英殿聚珍板本。《四庫》著録。

無爲集十五卷

宋楊傑撰。宜秋館刻本。《四庫》著録。

擊壤集二十卷

宋邵雍撰。文靖書院刻本。宜秋館刻本。《四庫》著録。

王魏公集八卷

宋王安禮撰。《豫章叢書》本。《四庫》著録。

濂溪集十三卷附事實一卷年表一卷褒崇禮制一卷

宋周敦頤撰。明弘治中周木校刻本。《正誼堂全書》本。《四庫》著録九卷。

周子全書三卷附録一卷

宋周敦頤撰。光緒丁亥賀瑞麟刻本。

曲阜集四卷

宋曾肇撰。《豫章叢書》本。《四庫》著録。

明道先生文集五卷

宋程顥撰。吕留良賓誥堂刻本。

伊川先生文集八卷

宋程頤撰。吕留良賓誥堂刻本。

二程文集十二卷

清張伯行編《正誼堂全書》本。

張横渠集十二卷

宋張載撰。《正誼堂全書》本。

歐陽文忠全集一百五十三卷附録五卷

宋歐陽修撰。乾隆丙寅歐陽安世刻大字本。嘉慶二十四年歐陽衡刻本。《四庫》著録。

蘇老泉先生集二十卷附録二卷

宋蘇洵撰,《附録》宋沈斐輯。康熙三十七年邵仁泓刻本。

嘉祐集十五卷附録二卷

宋蘇洵撰。清蔡士英刻本，無年月。鵬雲校過。《四庫》著録。

范忠宣集二十卷奏議二卷遺文一卷附録一卷補編一卷

宋范純仁撰。康熙丁亥范氏歲寒堂刻本。宣統庚戌鄒福保刻本。《四庫》著録。

臨川集一百卷

宋王安石撰。明嘉靖丙午應雲鸑仿刻宋紹興本。光緒癸未溧陽繆氏刻本。《四庫》著録。

王荆公詩註五十卷

宋王安石撰。李壁註。乾隆辛丑張宗松刻本。《四庫》著録。

經進東坡文集事略六十卷

宋蘇軾撰。宋郎曄注。上虞羅振常仿宋聚珍版印本，附《考異》四卷，《正誤》一卷。

蘇東坡集七十五卷年譜一卷

宋蘇軾撰。明萬曆丙午茅維刻本。

東坡七集一百一十卷

宋蘇軾撰。明成化刻本。光緒年間端方仿明成化刻本。《四庫》著録。

東坡分體詩鈔十八卷

清姚廷謙訂。康熙辛丑精刻本。

東坡詩註四十二卷年譜一卷王註正譌一卷蘇詩續補二卷

宋施元之註。康熙庚寅宋犖校刻本。乾隆内府刻古香齋袖珍本。《四庫》著録。

蘇文忠詩合註五十卷

清馮應榴撰。嘉慶二十四年馮氏自刻本。

評點蘇文忠詩集五十卷

清紀昀評。盧坤刻朱墨套印本。

蘇詩選評箋釋六卷

清汪師韓撰。《業睦汪氏遺書》本。

蘇詩補註八卷

清翁方綱撰。《蘇齋叢書》本。《粤雅堂叢書》本。

欒城集五十卷後集二十四卷三集十卷應詔集十二卷

宋蘇轍撰。明刻本。《四庫》著録。

欒城後集二十四卷

宋蘇轍撰。明西蜀張養正校刻本，無年月。

山谷集三十二卷外集二十四卷别集十九卷

宋黄庭堅撰。乾隆乙酉緝香堂刻本。

山谷内集註二十卷外集註十七卷别集註二卷

《内集》宋任淵注，《外集》宋史容註，《别集》容之孫季温補註。光緒己亥義甯陳氏仿宋大字本。《四庫》著録。

山谷刀筆二十卷

宋黄庭堅撰。浦江周氏紛欣閣刻本。《四庫》存目。

後山集二十四卷

宋陳師道撰。光緒十一年番禺陶福祥重刻趙駿烈本。《四庫》著録。

後山詩註十二卷

宋任淵撰。武英殿聚珍板本。《四庫》著録。

淮海集四十卷後集六卷詩餘一卷年譜一卷

宋秦觀撰。同治癸酉秦元慶刻本。《四庫》著録。

淮海集十七卷後集二卷補遺一卷詞一卷年譜一卷

宋秦觀撰。道光丁酉王敬之編刻本。

濟南集八卷

宋李廌撰。宜秋館刻本。《四庫》著録。

楊龜山集六卷

宋楊時撰。《正誼堂全書》本。

楊龜山集四十二卷

宋楊時撰。光緒癸未張國正刻本。《四庫》著録。

尹和靖集一卷

宋尹焞撰。《正誼堂全書》本。

羅豫章集十卷

宋羅從彦撰。《正誼堂全書》本。

李延平集四卷

宋李侗撰。《正誼堂全書》本。《四庫》存目十三卷，《附録》一卷。

黄勉齋集八卷

宋黄幹撰。《正誼堂全書》本。

參寥子集十二卷附録一卷

宋釋道潛撰。《武林往哲遺著》本。《四庫》著録。

寶晉英光集八卷補遺一卷

宋米芾撰。《涉聞梓舊》本。《湖北先正遺書》本。《四庫》著録。

石門文字禪三十卷

宋釋惠洪撰。《武林往哲遺著》本。《四庫》著録。

西湖百詠一卷附録一卷

宋郭祥正撰。《武林掌故叢編》本。

晝墁集八卷

宋張舜民撰。《知不足齋叢書》本。《四庫》著録。

陶山集十四卷

宋陸佃撰。武英殿聚珍板本。《四庫》著録。

晁具茨集十五卷

宋晁冲之撰，亮圃箋，不題姓名。《海山仙館叢書》本。道光十年晁氏仿宋刻本，宋俞汝礪序，署紹興十一年九月。

西溪集十卷

宋沈遘撰。光緒丙申浙江局刻《沈氏三先生集》本。《四庫》著録。

長興集十九卷

宋沈括撰。浙刻《沈氏三先生集》本。《四庫》著録。

雲巢編十卷

宋沈遼撰。浙刻《沈氏三先生集》本。《四庫》著録。

龍雲集三十二卷

宋劉弇撰。《豫章叢書》本。《四庫》著録。

斜川集六卷附録一卷

宋蘇過撰。《知不足齋叢書》本。《四庫》存目十卷。

學易集八卷

宋劉跂撰。《畿輔叢書》本。武英殿聚珍板本。《四庫》著録。

道鄉集四十卷補遺一卷年譜一卷

宋鄒浩撰。光緒己亥湖北刻本。《四庫》著録。

姑溪居士集五十卷

宋李之儀撰。《粤雅堂叢書》本。宣統三年李脊金陵刻本。《四庫》著録。

傅忠肅集一卷

宋傅察撰。《乾坤正氣集》本。《四庫》著録三卷。

謝幼槃集一卷

宋謝薖撰。錢名培刻《小萬卷樓叢書》本。《四庫》著録《薖竹友集》十卷。

北湖集五卷

宋吴則禮撰。《湖北先正遺書》本。宜秋館刻本。《四庫》著録。

溪堂集十卷

宋謝逸撰。《豫章叢書》本。《四庫》著録。

芝田小稿一卷

宋張瑋撰。《武林往哲遺著》本。

日涉園集十卷

宋李彭撰。《豫章叢書》本。《四庫》著録。

橘潭詩稿一卷

宋何應龍撰。《武林往哲遺著》本。

慶湖遺老集九卷

宋賀鑄撰。宜秋館刻本。《四庫》著録。

雲泉詩稿一卷補遺一卷

宋釋永頤撰。《武林往哲遺著》本。

漁溪詩稿二卷乙稿一卷補遺一卷

宋俞桂撰。《武林往哲遺著》本。

摛文堂集十五卷附録一卷

宋慕容彦逢撰。《常州先哲遺書》本。宜秋館刻本。《四庫》著録。

浮沚集八卷

宋周行已撰。武英殿聚珍板本。《四庫》著録。

劉給諫集五卷

宋劉安上撰。孫衣言刻《永嘉叢書》本。《四庫》著録。

劉左史集四卷

宋劉安禮撰。《永嘉叢書》本。《四庫》著録。

唐子西文録一卷

宋唐庚撰。《藝海珠塵》本。

忠正德文集八卷

宋趙鼎撰。《乾坤正氣集》本。《四庫》著録。

陳修撰集四卷

宋陳東撰。《乾坤正氣集》本。《四庫》著録《少陽集》十卷。

高東溪集一卷

宋高登撰。《藝海珠塵》壬集本。《乾坤正氣集》本。《四庫》著録二卷。正誼堂本二卷。

歐陽修撰集三卷

宋歐陽澈撰。《乾坤正氣集》本。《豫章叢書》本，題《飄然集》。《四庫》著録七卷。

宗忠簡集七卷

宋宗澤撰。同治乙丑半畝園刻本。《四庫》著録八卷。

宗忠簡公集四卷

宋宗澤撰。同治癸酉三原劉質慧刻本，附《補遺》一卷、《逸事》二卷。又《乾坤正氣集》本。

横塘集二十卷

宋許景衡撰。《永嘉叢書》本。《四庫》著録。

雲莊集五卷

宋曾協撰。《豫章叢書》本。《四庫》著録。

西渡集一卷

宋洪炎撰。《小萬卷樓叢書本》。《四庫》著録二卷。

丹陽集二十四卷

宋葛勝仲撰。《常州先哲遺書》本。《四庫》著録。

毘陵集十五卷

宋張守撰。《常州先哲遺書》本。《四庫》著録。

灊山集三卷補遺一卷附録一卷

宋朱翌撰。《知不足齋叢書》本。《四庫》著録。

建康集八卷

宋葉夢得撰。長沙葉德輝刻《石林遺書》本。《四庫》著録。

紫微集三十六卷

宋張嵲撰。《湖北先正遺書》本。《四庫》著録。

鄱陽集四卷拾遺一卷附録一卷

宋洪皓撰。同治庚午皖南洪氏晦木齋校刻本。《四庫》著録。

簡齋集十六卷

宋陳與義撰。武英殿聚珍版本。《四庫》著録。

簡齋詩外集一卷

宋陳與義撰。宜秋館刻本。

鴻慶居士集四十二卷補遺二十卷

宋孫覿撰。《常州先哲遺書》本。《四庫》著録，無《補遺》。

内簡尺牘編註十卷

宋孫覿撰。李祖堯編註。乾隆十二年錫山蔡焯刻本。《常州先哲遺書》本。《四庫》著録。

屏山集二十卷

宋劉子翬撰。寫刻大字本。《四庫》著録。

藏海居士集二卷

宋吴可撰。宜秋館刻本。《四庫》著録。

雙溪集十五卷

宋蘇籀撰。《粤雅堂叢書》本。《四庫》著録。

王著作集八卷

宋王蘋撰。宜秋館刻本。《四庫》著録。

岳忠武集八卷

宋岳飛撰。同治乙丑半畝園刻本。師長怡刻本。

岳忠武集一卷

宋岳飛撰。《藝海珠塵》本。《四庫》著録。

大隱居士集二卷

宋鄧深撰。宜秋館刻本。《四庫》著録，題《鄧紳伯集》。

茶山集八卷拾遺一卷
宋曾幾撰。武英殿聚珍板本杭縮本。《四庫》著録。

郴江百詠一卷
宋阮閲撰。宜秋館刻本。《四庫》著録。

歸愚集十卷
宋葛立方撰。《常州先哲遺書》本。《四庫》著録。

湖山集十卷
宋吴芾撰。宜秋館刻本。《四庫》著録。

竹軒雜著六卷
宋林季仲撰。《永嘉叢書》本。《四庫》著録。

莆陽知稼翁文集十二卷附録一卷

宋黄公度撰。宜秋館刻本。《四庫》著録。

夾漈遺稿三卷

宋鄭樵撰。《藝海珠塵》本。《四庫》著録。

漢濱集十六卷

宋王之望撰。《湖北先正遺書》本。《四庫》著録。

雲莊集五卷

宋曾協撰。胡思敬刻《九宋人集》本。《四庫》著録。

鄂州小集六卷附録二卷

宋羅願撰。《粤雅堂叢書》本。《四庫》著録。

燕堂詩稿一卷

宋趙公豫撰。宜秋館刻本。《四庫》著録。

晦庵集一百卷續集五卷别集七卷

宋朱子撰。明嘉靖壬辰蔣詔刻本。又正誼堂本，十八卷。《四庫》著録。

晦庵文鈔十卷

前六卷明吴訥編，後四卷明崔銑編。明嘉靖庚子張光祖刻本。《四庫》存目。

燭湖集二十卷附録二卷

宋孫應時撰。嘉慶癸亥孫景洛刻本。《四庫》著録。

張南軒文集四十四卷

宋張栻撰。錫山華氏刻本。《四庫》著録。又正誼堂本，七卷。

梁溪遺稿一卷

宋尤袤撰。《常州先哲遺書》本。《四庫》著録。

周益公全集一百六十二卷年譜一卷

宋周必大撰。廬陵歐陽棨刻本。《四庫》著録，二百卷。

雪山集十六卷

宋王質撰。武英殿聚珍板本。又《湖北先正遺書》本。《四庫》著録。

紹陶録二卷

宋王質撰。《十萬卷樓叢書》本。《湖北先正遺書》本。此書多題詠二陶之作，非傳記。《四庫》誤列史部傳記，今從葉郎園之説，附質本集後。

陳止齋集五十一卷附録一卷

宋陳傅良撰。《永嘉叢書》本。《四庫》著録。

格齋四六二卷

宋王子俊撰。抄本。《豫章叢書》本。《四庫》著録。

梅溪集五十卷

宋王十朋撰。雍正六年唐傳鉎刻本。《四庫》著録。

梅溪前集二十卷後集二十九卷奏議五卷

宋王十朋撰。明正統五年何瀇刻本。此本罕見。

蒙隱集二卷

宋陳棣撰。宜秋館刻本。《四庫》著録。

功媿集一百一十二卷

宋樓鑰撰。武英殿聚珍版本。《四庫》著録。

玉堂類稿二十卷西垣類稿二卷

宋崔敦詩撰。《粤雅堂叢書》本。

象山集三十六卷

宋陸九淵撰。明嘉靖辛酉何氏刻本。《四庫》著録。

倪石陵書一卷

宋倪樸撰。宜秋館刻本。《四庫》著録。

尊德性齋集三卷補遺一卷

宋程洵撰。《知不足齋叢書》本。

絜齋集二十四卷

宋袁燮撰。武英殿聚珍板本杭縮本。《四庫》著録。

定齋集二十卷

宋蔡戡撰。《常州先哲遺書》本。《四庫》著録。

義豐集一卷

宋王阮撰。《豫章叢書》本。《四庫》著録。

頤庵居士集二卷

宋劉應時撰。《知不足齋叢書》本。《四庫》著録。

野處類稿二卷

宋洪邁撰。《豫章叢書》本。《四庫》著録。

盤洲集八十卷

宋洪适撰。洪氏祠堂刻本。《四庫》著録。

清正存稿六卷附録一卷

宋徐鹿卿撰。《豫章叢書》本。《四庫》著録。

碧梧玩芳集二十四卷

宋馬廷鸞撰。《豫章叢書》本。《四庫》著録。

浪語集三十五卷

宋薛季宣撰。《永嘉叢書》本。《四庫》著録。

雪坡舍人集五十卷

宋姚勉撰。《豫章叢書》本。《四庫》著録。

石湖詩集三十四卷

宋范成大撰。康熙戊辰顧嗣立刻本。《四庫》著録。

田園雜興詩一卷

宋范成大撰。毛氏汲古閣刻《詩詞雜俎》本。

范石湖詩集註三卷

清沈欽韓撰。《功順堂叢書》本。

誠齋詩集十六卷

宋楊萬里撰。嘉慶庚申徐達源刻本。

誠齋策問二卷

宋楊萬里撰。《豫章叢書》本。

渭南文集五十二卷

宋陸游撰。明正德八年梁喬刻本。

劍南詩稿八十五卷渭南文集五十卷逸稿二卷

宋陸游撰。明毛氏汲古閣刻本。《四庫》著録。

劍南詩鈔六卷

清朱陖撰。康熙丙寅刻本，汪琬序。

金陵百詠一卷

宋曾極撰。長沙葉氏觀古堂刻本。《四庫》著録。

水心集二十九卷別集十六卷

宋葉適撰。《永嘉叢書》本。《四庫》著録。

客亭類稿十五卷

宋楊冠卿撰。《湖北先正遺書》本。《四庫》著録。

南湖集十卷

宋張鎡撰。《知不足齋叢書》本。《四庫》著録。

江湖長翁文集四十卷

宋陳造撰。明萬曆戊午李之藻刻本。《四庫》著録。

石屏集十卷

宋戴復古撰。嘉慶丁丑宋世犖刻《台州叢書》本。讀畫齋刻《南宋羣賢小集》有《石屏續集》。《四庫》著録，六卷。

南海百詠一卷

宋方信孺撰。《琳瑯秘室叢書》本。

芳蘭軒集一卷

宋徐照撰。嘉慶丁酉顧修刻《南宋羣賢小集》本。冒廣生《永嘉詩人祠堂叢刻》本。《四庫》著録。

二薇亭詩一卷

宋徐璣撰。《南宋羣賢小集》本。《永嘉叢刻》本。《四庫》著録。

應齋雜著六卷

宋趙善撰。《豫章叢書》本。《四庫》著録。

葦碧軒集一卷

宋翁卷撰。《南宋羣賢小集》本。《永嘉叢刻》本。

西巖集一卷

宋翁卷撰。《南宋羣賢小集》本。《四庫》著録。

清苑齋集一卷

宋趙師秀撰。《南宋羣賢小集》本。《永嘉叢刻》本。《四庫》著録。

瓜廬集一卷

宋薛師石撰。《南宋羣賢小集》本。《永嘉叢刻》本。《四庫》著録。

華亭百詠一卷

宋許尚撰。宜秋館刻本。《四庫》著録。

龍川文集三十卷

宋陳亮撰。武昌局刻本，有《攷異》二卷、《附録》一卷。《四庫》著録。

獻醜集一卷

宋許棐撰。宜秋館刻本。《四庫》存目。

鶴山文鈔三十二卷

宋魏了翁撰。吴棠刻本。

鶴山渠陽詩一卷

宋魏了翁撰。劉世珩影宋刻本。

西山文集五十五卷

宋真德秀撰。康熙四年拱極堂刻本。《四庫》著録。

西山文鈔八卷

宋真德秀撰。《正誼堂全書》本。《浦城遺書》本。

方泉集四卷

宋周文璞撰。《南宋羣賢小集》本。《四庫》著録。

骳稿一卷

宋利登撰。《南宋羣賢小集》本。宜秋館刻本。

姜白石詩集二卷詩説一卷歌曲四卷歌曲别集一卷

宋姜夔撰。乾隆癸亥陸鐘輝刻本。許增刻《榆園叢書》本。

白石詩集二卷詩説一卷

宋姜夔撰。朱雲刻《樵川二家詩集》本。《南宋羣賢小集》本。《四庫》著録。

東山詩選二卷

宋葛紹體撰。宜秋館刻本。《四庫》著録。

默齋遺稿二卷補遺一卷

宋游九言撰。宜秋館刻本。《四庫》著録。

安晚堂詩集七卷

宋鄭清之撰。宜秋館刻本。《四庫》著録。

四六標準四十卷

宋李劉撰。明刻本，有缺卷。《四庫》著録。

野谷詩稿六卷

宋趙汝鐩撰。《南宋羣賢小集》本。《四庫》著録。

自鳴集六卷

宋章甫撰。《豫章叢書》本。《四庫》著録。

端平詩雋四卷

宋周弼撰。《南宋羣賢小集》本。《四庫》著録。

敝帚稿略八卷

宋包恢撰。宜秋館刻本。《四庫》著録。

蒙齋集十八卷

宋袁甫撰。武英殿聚珍板本。《四庫》著録。

康範詩集一卷附録一卷

宋汪晫撰。宜秋館刻本。《四庫》著録。

清獻集二十卷

宋杜範撰。同治庚午吴縣孫憙刻本。《四庫》著録。

寒松閣集三卷

宋詹初撰。宜秋館刻本。《四庫》著録。

滄浪集二卷詩説一卷

宋嚴羽撰。《樵川二家詩集》本。《四庫》著録。

後村集十八卷

宋劉克莊撰。姚培謙刻本。《四庫》著録五十卷。

陳克齋集五卷

宋陳文蔚撰。《正誼堂全書》本。

棠湖詩稿一卷

宋岳珂撰。姚覲元刻《咫進齋叢書》本。《四庫》存目。

澗泉集二十卷

宋韓淲撰。武英殿聚珍板本。《四庫》著録。

竹林愚隱集一卷

宋胡夢昱撰。《乾坤正氣集》本。《豫章叢書》本。

梅野集十二卷

宋徐光杰撰。《乾坤正氣集》本。《四庫》著録。

蒙川遺稿四卷補遺一卷

宋劉黻撰。《乾坤正氣集》本。《永嘉叢書》本。《四庫》著録。

雪磯叢稿五卷

宋樂雷發撰。《南宋羣賢小集》本。《四庫》著録。

雪巖吟草二卷

宋宋伯仁撰。《南宋羣賢小集》本。南城李氏刻《宋二十家集》本，題作《西塍稿》、《續稿》、《海陵稿》，凡三卷。《四庫》著録《西塍稿》一卷。

孝詩一卷

宋林同撰。《南宋羣賢小集》本。《四庫》著録。

文文山集二十一卷

宋文天祥撰。雍正三年吉水祠堂刻本。《乾坤正氣集》本，十卷。《四庫》著録。《正誼堂全書》本，二卷。

指南後録三卷

宋文天祥撰。湖北書局刻《巾箱叢書》本。

晞髮集十卷遺集三卷天地間集一卷西台慟哭記一卷冬青樹引一卷

宋謝翶撰。《國粹叢書》本，附《年譜》一卷、《遊録》二卷。《四庫》著録。

謝參軍詩鈔一卷

宋謝翶撰。《浦城遺書》本。

斷腸集二卷

宋朱淑貞撰。明毛氏汲古閣本。《四庫》存目。

斷腸詩集十卷後集注七卷

宋朱淑貞撰，鄭元佐注。《武林往哲遺著》本，字句有斷缺。

剪綃集二卷

宋李龏撰。明毛氏汲古閣本。《四庫》存目。

陸忠烈集一卷

宋陸秀夫撰。《乾坤正氣集》本。

蘭皐集三卷

宋吴錫疇撰。宜秋館刻本。《四庫》著録。

秋堂集三卷

宋柴望撰。宜秋館刻本。《四庫》著録。

疊山集五卷外集四卷

宋謝枋得撰。道光己酉陳喬樅刻本，附《詩傳註疏》三卷。又《乾坤正氣集》本，四卷。《四庫》著録，無《外集》。

潛山集十二卷

宋釋文珦撰。《知不足齋叢書》本。《四庫》著録。

嘉禾百詠一卷

宋張堯同撰。長沙葉氏觀古堂刻本。宜秋館刻本。《四庫》著録。

湖山類稿五卷水雲集一卷

宋汪元量撰。《知不足齋叢書》本。《武林往哲遺著》本，有《附録》四卷。《四庫》著録。

林霽山集五卷

宋林景熙撰。《知不足齋叢書》本。《永嘉叢書》本。《四庫》著録。

柳堂外集二卷

宋釋道璨撰。宜秋館刻本。《四庫》著録四卷。

古梅吟稿六卷

宋吴龍翰撰。宜秋館刻本。《四庫》著録。

鐵牛翁遺稿一卷

宋何景福撰。宜秋館刻本。《四庫》著録，附《潛齋文集》後。

崧庵集六卷

宋李處權撰。宜秋館刻本。《四庫》著録。

裘竹齋詩集三卷附録一卷

宋裘萬頃撰。裘曰修刻本。宜秋館刻本。《四庫》著録。

徐文惠存稿五卷

宋徐經孫撰。宜秋館刻本。《四庫》著録，題《矩山存稿》。

待清軒遺稿一卷

宋潘音撰。宜秋館刻本。

雁山吟一卷

宋吕大亨撰。宜秋館刻本。

説劍吟一卷

宋吕定撰。宜秋館刻本。

棣華館小集一卷

宋楊甲撰。宜秋館刻本。

芸居乙稿一卷補遺一卷附録一卷

宋陳起撰。《武林往哲遺著》本。

勿軒集六卷

宋熊禾撰。《正誼堂全書》本。《四庫》著録，八卷。

耕禄集一卷

宋胡錡撰。《百川學海》本。《稗海》本。

西湖百詠二卷

宋董嗣杲撰。《武林掌故叢編》本。《四庫》著録。

落石先生集一卷

宋繆鑑撰。繆荃蓀刻《雲自在龕叢書》本。

真山民集一卷

宋真山民撰。《浦城遺書》本。《四庫》著録。

百正集三卷

宋連文鳳撰。《知不足齋叢書》本。《四庫》著録。

梅邊集一卷

宋王炎午撰。《豫章叢書》本。

伯牙琴一卷補遺一卷

宋鄧牧撰。《知不足齋叢書》本。《武林往哲遺著》本。《四庫》著録。

澗谷集三卷

宋羅椅撰。《豫章叢書》本。

仁山集六卷

宋金履祥撰。雍正乙巳金弘勳刻本。《正誼堂全書》本，四卷。《四庫》著録。

九華詩集一卷

宋陳巖撰。宜秋館刻本。《四库》著録。

崔清獻公集五卷

宋崔與之撰。《嶺南遺書》本。

文溪集二十卷

宋李昴英撰。道光庚子伍元薇刻《粤十三家集》本。《四庫》著録。

菊山清雋集一卷

宋鄭起撰。《知不足齋叢書》本。起，思肖之父。《四庫》著録，題鄭震撰。

心史二卷

宋鄭思肖撰。明崇禎己卯張國維序刻本。《四庫》存目，七卷。

一百二十四圖詩集一卷所南文集一卷

宋鄭思肖撰。《知不足齋叢書》本。

劉須溪文集八卷

宋劉辰翁撰。明天啓癸亥楊氏刻本。《豫章叢書》本，七卷。因第八卷詞朱古微已刻，未收。

秋曉先生覆瓿集四卷

宋趙必𤩪撰。《粤十三家集》本。

自堂存稿四卷

宋陳杰撰。《豫章叢書》本。《四庫》著録。

九峰集三卷

宋區士衡撰。《粤十三家集》本。

崑山雜詠三卷

宋龔昱撰。《峭帆樓叢書》本。

白玉蟾集六卷續集二卷

宋葛長庚撰。明正統壬戌南極遐齡老人臞仙編刻本，漁洋山人舊藏。

以上集部別集類宋人詩文集之屬。

拙軒集六卷

金王寂撰。武英殿聚珍板本，杭州縮本。《四庫》著録。

遺山集十卷附録一卷補載一卷

金元好問撰。道光三十年張穆校刻本。光緒辛巳趙培因校刻本。《四庫》著録。

遺山詩集二十卷

金元好問撰。明毛氏汲古閣本。《四庫》存目。

遺山詩集註十四卷附録一卷

金元好問撰，清施國祁註。道光丁亥刻本。

滏水集二十卷札記二卷附録一卷

金趙秉文撰。《畿輔叢書》本。又光緒癸卯海豐吴氏刻本。《四庫》著録。

滹南遺老集四十五卷續集一卷

金王若虚撰。《畿輔叢書》本。《四庫》著録。

湛然居士集十四卷

元耶律楚材撰。光緒乙未袁昶刻《漸西村舍叢書》本。《四庫》著録。

陵川集三十九卷附録一卷

元郝經撰。乾隆三年王鏐刻本。《四庫》著録。

郝文忠集二十五卷

元郝經撰。《乾坤正氣集》本。

白雲集三卷附録一卷

元釋英撰。《武林往哲遺著》本。《四庫》著録。

静軒集五卷附録一卷

元閻復撰。《雲自在龕叢書》本。

剡源集三十卷札記一卷

元戴表元撰。道光庚子郁松年刻《宜稼堂叢書》本。《四庫》著録。

墻東類稿二十卷

元陸文圭撰。《常州先哲遺書》本。《四庫》著録。

巴西文集一卷

元鄧文原撰。劉承幹《嘉業堂叢書》本。《四庫》著録。

榮祭酒遺文一卷

元榮肇撰。《涉聞梓舊》本。

屏巖小稾一卷

元張觀光撰。續《金華叢書》本。《四庫》著録。

竹素山房集三卷補遺一卷附録一卷

元吾丘衍撰。《武林往哲遺著》本。《四庫》著録。

松雪齋集十卷外集一卷續集一卷

元趙孟頫撰。康熙癸巳曹培廉刻本。《四庫》著録。

金淵集六卷

元仇遠撰。武英殿聚珍板本，杭州縮本。《四庫》著録。

山村遺稿一卷附録一卷

元仇遠撰。《武林往哲遺著》本。《四庫》著録。

湛淵遺稿三卷補遺一卷附録一卷

元白珽撰。《武林往哲遺著》本。《知不足齋叢書》本。《四庫》著録，一卷。

趙待制遺稿一卷

元趙雍撰。《知不足齋叢書》本。

廌庵集八卷

元李庭撰。繆荃孫刻《藕香零拾》本。

牧潛集七卷

元釋圓至撰。《武林往哲遺著》本。《四庫》著録。

許文正遺書十二卷

元許衡撰。光緒丁亥賀瑞麟刻本。

許文正集六卷

元許衡撰。明劉昌刻《中州名賢文表》本。《正誼堂全書》本。

魯齋遺書十二卷附録二卷

元許衡撰。明嘉靖乙酉蕭鳴鳳刻本。《四庫》著録八卷。

靜修集三十卷

元劉因撰。明成化乙亥蜀府刻本。明弘治辛酉崔暠刻本。《四庫》著録。

劉靜修集十二卷

元劉因撰。《畿輔叢書》本。

存悔齋稿一卷補遺一卷

元龔璛撰。陳氏《横山草堂叢書》本。《四庫》著録。

白雲集四卷

元許謙撰。明成化丙戌張瑄刻本。《四庫》著録。《金華叢書》本。

默庵集五卷附録一卷

元安熙撰。《畿輔叢書》本。《四庫》著録。

王文定集六卷

元王惲撰。《中州名賢文表》本。

秋澗集一百卷

元王惲撰。明刻本。《四庫》著録。

姚文公集八卷

元姚燧撰。《中州名賢文表》本。

牧庵文集三十六卷

元姚燧撰。武英殿聚珍板本。《四庫》著録。

雪樓集三十卷

元程鉅夫撰。《湖北先正遺書》本。《四庫》著録。

益齋亂稿十卷

元高麗李齊賢撰。《粤雅堂叢書》本。

清容居士集五十卷札記一卷

元袁桷撰。《宜稼堂叢書》本。《四庫》著録。

霞外詩集十卷

元馬臻撰。毛氏汲古閣刻本。《四庫》著録。

梅花字字香前集一卷後集一卷

元郭豫亨撰。《琳琊秘室叢書》本。《四庫》著録。

静春堂集四卷附録一卷

元袁易撰。《知不足齋叢書》本。《四庫》著録。

惟實集二卷

元劉鶚撰。《乾坤正氣集》本。《四庫》著録四卷。

清河集七卷附録一卷

元元明善撰。繆刻《藕香零拾》本。

菊潭集四卷

元孛朮魯翀撰。《藕香零拾》本。

孛朮魯文靖公集二卷

元孛術魯翀撰。《中州名賢文表》本。

石田集十五卷
元馬祖常撰。明弘治中熊騰霄刻本。《四庫》著録。
馬文貞公集五卷
元馬祖常撰。《中州名賢文表》本。
道園學古録五十二卷
元虞集撰。明景泰七年刻本。明嘉靖刻本。《古棠叢書》本。仁壽新刻本，六十卷。《四庫》著録。
道園遺稿八卷
元虞集撰。《古棠叢書》本。《四庫》著録十六卷。邵位西云：「十字疑衍。」
楊仲弘集八卷
元楊載撰。《浦城遺書》本。《四庫》著録。

范德機詩七卷

元范梈撰。《豫章叢書》本。《四庫》著録。

揭文安集十八卷

元揭傒斯撰。《豫章叢書》本。《四庫》著録十四卷。

揭曼碩詩集三卷

元揭傒斯撰。《海山仙館叢書》本。

揭文安公文粹二卷

元揭傒斯撰。《粤雅堂叢書》本。

淵穎集十二卷附録一卷

元吴萊撰。明嘉靖元年祝鑾刻本。康熙四十九年吴守儁刻本。《四庫》著録。《金華叢書》本。

所安遺集一卷

元陳泰撰。譚鐘麟校刻文瀾閣本。《四庫》著録。

黄文獻集十卷

元黄溍撰。明張儉删刻本。咸豐元年陳坡刻本，附《筆記》一卷。《四庫》著録。

金華黄先生集四十三卷

元黄溍撰。續《金華叢書》本，此本足。《四庫》所收僅十卷，不全。

圭齋集十五卷附録一卷

元歐陽元撰。道光十四年歐陽杰刻本。《四庫》著録。

待制集二十卷附録一卷

元柳貫撰。續《金華叢書》本。《四庫》著録。

至正集八十一卷

元許有壬撰。宣統辛亥石印本。《四庫》著録。

許文忠集三卷

元許有壬撰。《中州名賢文表》本。

禮部集二十卷

元吴師道撰。續《金華叢書》本。《四庫》著録。

秋聲集四卷

元黄鎮成撰。《樵川二家詩集》本。《四庫》著録。

傅與礪詩文集二十卷

元傅若金撰。吴興劉氏《嘉業堂叢書》本。

雁門集六卷

元薩都剌撰。宣統庚戌仿康熙庚申刻本，附《詩餘》一卷、《補遺》一卷、《别録》一卷。

雁門集三卷集外詩一卷

元薩都剌撰。毛氏汲古閣本。《四庫》著録。

青陽集六卷附録一卷

元余闕撰。門人郭奎子章輯刻本，李祁序。張澍聲刻《合肥三賢集》本。《四庫》著録，四卷。又《乾坤正氣集》本，二卷。

方叔淵遺稿一卷

元方瀾撰。《晨風閣叢書》本。《四庫》著録。

五峰集十卷

元李孝光撰。《永嘉詩人祠堂叢刻》本。《四庫》著録六卷。

滋溪集三十卷

元蘇天爵撰。張鈞衡刻《適園叢書》本。《四庫》著録，題《滋溪文稾》。

經濟文集六卷

元李士瞻撰。盧刻《湖北先正遺書》本。《四庫》著録。

純白齋類稿二十卷附録二卷

元胡助撰。《金華叢書》本。《四庫》著録。

貞居詩集七卷補遺二卷附録二卷

元張雨撰。《武林往哲遺著》本。《四庫》著録三卷，題《句曲外史集》，有《補遺》三卷，《集外詩》一卷。

藥房樵唱三卷附録二卷

元吴景奎撰。續《金華叢書》本。《四庫》著録二卷。

羽庭集四卷

元劉仁本撰。《乾坤正氣集》本。《四庫》著録六卷。

鹿皮子集四卷

元陳樵撰。《金華叢書》本。《四庫》著録。

一山文集九卷

元李繼本撰。《湖北先正遺書》本。《四庫》著録。

師山文集八卷遺文五卷附録一卷濟美録四卷

元鄭玉撰。明嘉靖乙未鄭燭刻本。《乾坤正氣集》本，九卷。《四庫》著録，無《遺文》、《附録》。

聞過齋集八卷

元吴海撰。《嘉業堂叢書》本。《四庫》著録。正誼堂本，四卷。

北郭集六卷補遺一卷

元許恕撰。江陰金武祥《粟香室叢書本》。《四庫》著録。

玉笥集十卷

元張憲撰。《粤雅堂叢書》本。《四庫》著録。

清江碧嶂集一卷

元杜本撰。抄本。《四庫》存目。

丁鶴年集四卷

元丁鶴年撰。《琳瑯密室叢書》本。《藝海珠塵》本，三卷。《湖北先正遺書》本。《四庫》著録一卷。

九靈山房集三十卷補編二卷遺稿五卷

元戴良撰。《金華叢書》本。《四庫》著録，無《補編》、《遺稿》。

戴九靈集十九卷

元戴良撰。《乾坤正氣集》本。

程梅軒集四卷

元程從龍撰。傳鈔本。《四庫》存目。

周此山先生集十卷

元周權撰。吴興張氏《擇是居叢書》本。《四庫》著録四卷。

白雲集五卷

元釋英撰。《武林往哲遺著》本。《四庫》著録三卷。

柔克齋詩一卷

元高明撰。如臯冒氏小三吾亭輯刻本。

江月松風集十二卷補遺一卷文録一卷附録一卷

元錢惟善撰。《武林往哲遺著》本。《四庫》著録，無《文》，無《補》、《附》。

芳谷集三卷

元徐明善撰。《豫章叢書》本。

石初集十卷附録一卷

元周霆震撰。《豫章叢書》本。《四庫》著録。

梧溪集七卷

元王逢撰。《知不足齋叢書》本。《四庫》著録。

山窗餘稿一卷

元甘復撰。《豫章叢書》本。《四庫》著録。

灤京雜詠二卷

元楊允孚撰。《知不足齋叢書》本。《四庫》著録一卷。

吾吾類稿三卷

元吴皋撰。《豫章叢書》本。《四庫》著録。

清閟閣集十二卷

元倪瓚撰。《常州先哲遺書》本。康熙癸酉曹培廉校刻本。《四庫》著録。

玉山璞稿二卷逸稿四卷附録一卷

元顧瑛撰。《讀畫齋叢書》本。汲古閣刊本。《四庫》著録一卷。

樗隱集六卷

元胡行簡撰。《豫章叢書》本。《四庫》著録。

滄浪櫂歌一卷

元陶宗儀撰。《讀畫齋叢書》本。

夷白齋稿三十五卷外集一卷

元陳基撰。吴興劉氏《嘉業堂叢書》本。《四庫》著録。

東維子集三十卷附録一卷

元楊維楨撰。明刊本。《四庫》著録。

鐵崖古樂府十卷詠史八卷逸編八卷

元楊維楨撰，清樓卜瀍註。光緒戊子樓藜然刻本。《四庫》著録。

鐵崖文集五卷

元楊維楨撰。明弘治十四年朱昱校正本，馮允中序。

可閒老人集二卷

元張昱撰。《豫章叢書》本。《四庫》著録。

以上集部別集類金元人詩文集之屬。

崇雅堂書録之十一終

崇雅堂書録卷之十二

潛江甘鵬雲藥樵編

集部三

别集類中

誠意伯文集二十卷

明劉基撰。雍正八年刻本。光緒丙子刻本。《四庫》著録。

宋學士集三十二卷附録一卷

明宋濂撰。康熙四十八年彭始搏刻本。《金華叢書》本。《四庫》著録三十六卷。

宋文憲全集五十三卷

明宋濂撰。嘉慶庚午金華府學刻本。

潛溪集八卷

明宋濂撰。元至正十六年浦陽鄭氏刻本。此集刻在未入明以前。

王忠文公集四十六卷附録一卷

明王禕撰。崇禎己卯魏呈潤刻本。《乾坤正氣集》本，二十卷。《四庫》著録二十四卷。

翠屏集四卷

明張以寧撰。明宣德三年刊本。《四庫》著録。

劉坦齋先生集十五卷

明劉三吾撰。湖南刻本，又明萬曆六年賈氏刻本，二卷。《四庫》存目二卷。

危學士集十四卷

明危素撰。道光丙戌芳樹園刻本。乾隆戊寅刻本。《四庫》著録《説學齋稿》四卷、《雲林集》二卷，十四卷本入《存目》。

危太樸詩集二卷文集十卷文續集十卷附録二卷

明危素撰。吴興劉氏嘉業堂刻本。

蘇平仲集十六卷

明蘇伯衡撰。《金華叢書》本。《四庫》著録。

貝清江文集三十卷

明貝瓊撰。康熙己亥金檀精刻本，魚尾下有燕翼堂三字。《四庫》著録。

胡仲子集十卷

明胡翰撰。《金華叢書》本。《四庫》著録。

始豐稿十四卷補遺一卷附録一卷

明徐一夔撰。《武林往哲遺著》本。《四庫》著録。

白石山房逸稿三卷
明張孟兼撰。續《金華叢書》本。《四庫》著録。

滄螺集六卷
明孫作撰。《常州先哲遺著》本。《四庫》著録。

尚絅齋集五卷
明童冀撰。續《金華叢書》本。《四庫》著録。

高季迪大全集十八卷
明高啟撰。康熙乙亥竹素園刻本。《四庫》著録。

高青邱詩集註十八卷遺詩一卷鳧藻集五卷扣弦集一卷附録一卷
明高啟撰。清金檀註。雍正六年文瑞樓刻本。《四庫》著録。

藍山集六卷

明藍仁撰。道光間裔孫鼎雯重刻明本。《四庫》著録。

藍澗集六卷

明藍智撰。道光間藍鼎雯重刻明洪武本。《四庫》著録。

静居集四卷來儀文集一卷

明張羽撰。《豫章叢書》本。《四庫》著録，無《來儀集》。

眉菴集十二卷

明楊基撰。明鄭剛刻本。《四庫》著録。

草閣集六卷拾遺一卷文集一卷

明李昱撰。《武林往哲遺著》本。《四庫》著録。

巽隱集四卷

明程本立撰。《檇李遺書》本。《乾坤正氣集》本，二卷。《四庫》著録六卷。

易齋集一卷

明劉璟撰。《乾坤正氣集》本。《四庫》著録二卷。

海叟詩集四卷詩補一卷

明袁凱撰。《觀自得齋叢書》本。《四庫》著録。

遜志齋集二十二卷

明方孝孺撰。《乾坤正氣集》本。明嘉靖辛酉范惟一、王可大、唐堯臣序刻本，十五卷。

正誼堂本，七卷。

遜志齋集二十四卷拾補一卷外紀一卷

明方孝孺撰。康熙戊寅俞化鵬刻本。《四庫》著録。

練中丞集一卷

明練子甯撰。《乾坤正氣集》本。《四庫》著録二卷。

芻蕘集四卷

明周是修撰。《乾坤正氣集》本。《四庫》著録六卷。

解學士集三十卷

明解縉撰。天順元年黄諫刻本。

解春雨先生集十卷

明解縉撰。明嘉靖壬戌刻本，羅洪先序。

解文毅公集十六卷後集六卷

明解縉撰。乾隆丙戌裔孫韜刻本。《四庫》著録，無《後集》。

節庵集八卷續一卷

明高得暘撰。《武林往哲遺著》本。《四庫》存目。

栢軒集四卷

明凌雲翰撰。《武林往哲遺著》本。《四庫》著録。

周真人集一卷補遺一卷

明周思得撰。《武林往哲遺著》本。

楊東里文集二十五卷別集五卷

明楊士奇撰。江西刻本。《四庫》存目。《四庫》著録九十七卷，乃足本。

王抑庵集四十卷

明王直撰。同治六年裔孫啟鑅刻本。《四庫》著録《前集》十三卷，《後集》三十七卷。

薛文清集二十四卷

明薛瑄撰。萬曆甲寅裔孫薛士弘刻本。雍正甲寅薛氏家刻本。《四庫》著録。

薛敬軒集十卷

明薛瑄撰。《正誼堂全書》本。

曹月川集一卷

明曹端撰。正誼堂刊本。《四庫》著録。

于忠肅集四卷

明于謙撰。乾坤正氣集本。《四庫》著録十三卷。

于肅愍公集八卷補遺一卷附録一卷

明于謙撰。《武林往哲遺著》本。

松雨軒集八卷補遺一卷附録一卷

明平顯撰。《武林往哲遺著》本。

劉兩溪集二十卷

明劉球撰。《乾坤正氣集》本。《四庫》著録二十四卷。

詠物詩一卷

明瞿佑撰。《武林往哲遺著》本。

倪文僖公集三十六卷補遺一卷

明倪謙撰。《武林往哲遺著》本。《四庫》著録三十二卷。

白沙子集六卷附録一卷

明陳獻章撰。康熙庚寅何九疇編刻本。《四庫》著録九卷。

瓊臺會稿二十四卷

明丘濬撰。光緒五年瓊山雁峰書院刊本。《四庫》著録。

王端毅文集六卷

明王恕撰。明嘉靖三十一年刊本。《四庫》存目九卷。

東軒集一卷補遺三卷附録一卷

明聶大年撰。《武林往哲遺著》本。

懷麓堂詩集二十卷詩後集十卷文集三十卷文後集三十卷雜記十卷年譜七卷

明李東陽撰。嘉慶八年茶陵刻本。《四庫》著録。

六如居士集六卷外集六卷附畫譜三卷

明唐寅撰。嘉慶辛酉唐仲冕校刻本。

青溪漫稿二十四卷補遺一卷附録一卷

明倪岳撰。《武林往哲遺著》本。《四庫》著録。

劉忠宣公集六卷年譜二卷附録三卷

明劉大夏撰。光緒元年裔孫劉乙然刻本。

梅國前集三十二卷

明劉節撰。明嘉靖刻本。白棉紙六册，卷一至四，卷十三至十六，闕。《四庫》存目四十一卷。

楓山集九卷

明章懋撰。明嘉靖九年毛憲校刻本。《四庫》著録四卷。

張東海集四卷

明張弼撰。清康熙壬申刻本。《四庫》存目五卷。

莊定山集十卷

明莊昶撰。《金陵叢書》本。《四庫》著録。

王文恪集三十六卷

明王鏊撰。董其昌校刻本，寫刻俱精。《四庫》著録，題《震澤集》。

東田漫稿六卷

明馬中錫撰。乾隆丙子顧朝泰刻本。《畿輔叢書》本，題《東田集》。《四庫》存目。

立齋遺文四卷

明鄒智撰。《乾坤正氣集》本。《四庫》著録五卷。

白社鷗音二卷

明王禹聲撰。《王文恪集》附刻本。

集古梅花詩二卷

明沈行撰。《武林往哲遺著》本。

羅圭峰文集三十卷

明羅玘撰。康熙庚午羅美才刻本。《豫章叢書》本。《四庫》著録。

羅整庵存稿二卷

明羅欽順撰。《正誼堂全書》本。《四庫》著録二十卷。

西軒效唐集十二卷補遺一卷

明丁養浩撰。《武林往哲遺著》本。《四庫》存目。

王文成公全書三十八卷

明王守仁撰。明刻本。《四庫》著録。

陽明先生文録五卷外集九卷

明王守仁撰。明刻本。

魏莊渠集一卷

明魏校撰。《正誼堂全書》本。《四庫》著録十二卷。

魯文恪公存集十卷附録二卷

明魯鐸撰。傳鈔本。鵬雲校刻本。《四庫》存目。

湛甘泉集三十五卷

明湛若水撰。萬曆七年吴瀹校刻本。《四庫》存目三十二卷。

洹詞十二卷

明崔銑撰。明趙王府味經堂刻本。《四庫》著録。别本十七卷入《存目》。

大匡集二十卷附録一卷

明李承箕撰。抄本。《四庫》存目。

見素文集二十八卷奏疏七卷續集十二卷

明林俊撰。明刻本。《四庫》著録。

李空同集六十三卷

明李夢陽撰。明嘉靖壬子朱睦㮮刻本。又萬曆壬寅刻本。《四庫》著録六十六卷。

空同詩集三十三卷附録一卷

明李夢陽撰。長沙張氏刻《弘正四傑集》本。

何大復集三十八卷附録一卷

明何景明撰。乾隆己巳何輝少刻本。《四庫》著録。

大復詩集二十六卷附録一卷
明何景明撰。長沙張氏刻《弘正四傑集》本。

迪功詩集四卷外集三卷談藝録一卷附録一卷
明徐貞卿撰。長沙張氏湘雨樓刻本。《四庫》著録六卷。

李駕部集四卷後集二卷青霞漫稿一卷
明李時行撰。《粤十三家集》本。

華泉詩集七卷附録一卷
明邊貢撰。長沙張氏刻《弘正四傑集》本。

華泉集十四卷
明邊貢撰。詩八卷，文六卷。《四庫》著録。明刻本。

渼陂集十六卷

明王九思撰。明嘉靖癸巳王獻山西刻本。《四庫》存目。又一本有《續集》三卷。

淩谿集十八卷

明朱應登撰。道光十五年朱士彦刻本。《四庫》存目。

對山集十卷

明康海撰。康熙中馬氏刻本。乾隆辛巳孫景烈刻本。《四庫》著録。

垂光集二卷

明周璽撰。《合肥三賢集》本。《乾坤正氣集》本，稱《周忠愍集》。

竹澗集八卷奏議四卷

明潘希曾撰。續《金華叢書》本。《四庫》著録。

瓊花集四卷

明曹濬撰。《別下齋叢書》本。

鄭少谷集二十五卷

明鄭善夫撰。道光甲申刻本。《四庫》著録。

無類生詩選一卷

明郎兆玉撰。《武林往哲遺著》本。

端溪先生集八卷

明王崇慶撰。明嘉靖間孔天胤、張蘊校刻本。卷一、卷六、卷八闕。《四庫》未收。

孫夫人集一卷

明楊文儷撰。《武林往哲遺著》本。

苑洛集二十二卷

明韓邦奇撰。明嘉靖三十一年賈樵村刻本。《四庫》著録。

兩厓集十一卷

明朱廷立撰。家刻本。《四庫》存目八卷。

楊升庵文集八十一卷

明楊慎撰。明萬曆壬午張士佩四川刻本。明萬曆辛丑蕭如松秣陵刻本。《四庫》著録。

升庵遺集二十六卷

明楊慎撰。明萬曆丙午湯日昭刻本。

考功集十卷

明薛蕙撰。明刻本。《四庫》著録。

夢澤集十七卷

明王廷陳撰。明嘉靖壬戌王廷瞻淮陽刻本。《湖北先正遺書》本。《四庫》著録二十三卷。

夢澤文集九卷附録五卷

明王廷陳撰。道光丁酉裔孫王家璧刻本，無詩。

亹爰子詩集二卷附録一卷

明江暉撰。《武林往哲遺著》本。

夏東巖集十四卷

明夏尚樸撰。康熙三十八年冉覲祖校傅而保刻本。學宗程朱。

張龍湖先生文集十五卷

明張治撰。雍正四年彭思眷刻本。《四庫》存目。

弘藝録三十二卷

明邵經邦撰。《武林往哲遺著》本。《四庫》存目。

泰泉集十卷

明黄佐撰。明嘉靖壬寅李時行刻本。

甫田集三十六卷

明文徵明撰。明刻本。《四庫》著録。

王遵巖集四十二卷

明王慎中撰。康熙辛卯李光㬇刻本。《四庫》著録二十五卷。

趙浚谷集十六卷

明趙時春撰。明刻本。《四庫》存目。

叔禾小集十二卷

明田汝成撰。《武林往哲遺著》本。《四庫》存目。

荆川文集十八卷補遺一卷

明唐順之撰。《常州先哲遺書》本。

荆川文集十二卷補遺一卷外集三卷附録一卷

明唐順之撰。江南書局刊本。《四庫》著録。

蘇門集八卷

明高叔嗣撰。明嘉靖刻本。半葉十行，行十六字。《四庫》著録。

洨濱集十卷附録二卷

明蔡𩅰撰。明李登雲編刻本。光緒戊寅夏子鎏刻本。《四庫》存目。

王龍溪集二十卷大象義述一卷附録一卷

明王畿撰。明萬曆乙卯丁賓校刻本。《四庫》存目。

槫全集八卷

明王畿撰。清乾隆乙卯王宗敏刻本。《四庫》存目。

葛端肅公集十四卷

明葛守禮撰。明萬曆十年趙氏刻本。《四庫》存目。

奚囊蠹餘二十卷補遺二卷附録二卷

明張瀚撰。《武林往哲遺著》本。《四庫》存目。

青霞集四卷

明沈鍊撰。《乾坤正氣集》本。《四庫》著録十一卷，《年譜》一卷。

舒梓溪集十八卷

明舒芬撰。萬曆庚申刻本，末卷闕。

桂洲文集四卷

明夏言撰。《乾坤正氣集》本。《四庫》存目十八卷。

大隱樓集十六卷補遺一卷附録二卷校勘記一卷

明方逢時撰。傳鈔本。鵬雲校刻本。

童内方集八卷附録一卷

明童承叙撰。沔陽盧氏慎始基齋刻本。

山帶閣集三十三卷

明朱曰藩撰。道光十五年朱士彦刻本。《四庫》存目。

張太岳集四十七卷

明張居正撰。萬曆壬子江陵張氏家刻本，雷思霈、曾可前、高以儉等校。《四庫》存目。

又江陵鄧氏重刻本。

張文忠全集四十六卷附録二卷

明張居正撰。光緒二十七年江陵田楨校刻本。

江陵書牘十五卷

明張居正撰。明萬曆中公子懋修刻本。

林學士文集十六卷

明林熑撰。明萬曆己丑鄧鍊刻本。

白華樓續稿十五卷

明茅坤撰。隆慶原刻本。白棉紙，首卷闕。《四庫》存目。

楊忠愍集四卷

明楊繼盛撰。順德龍氏刻《知服齋叢書》本。正誼堂本。

楊忠愍集二卷

明楊繼盛撰。《乾坤正氣集》本。《畿輔叢書》本。《四庫》著録。

耿天臺集二十卷

明耿定向撰。《天臺全書》本。

賜閒堂集四十卷

明申時行撰。明萬曆丙辰公子用懋刻本。《四庫》存目。

瑶石山人詩稿十六卷

明黎民表撰。《粤十三家集》本。《四庫》著録。

歸震川集二十卷

明歸有光撰。明歸道傳常熟刻本。

震川文集三十二卷

明歸有光撰。萬曆戊子男子寧編崑山刻本。《四庫》存目。

震川先生集三十卷别集十卷附録一卷

明歸有光撰。康熙乙卯曾孫歸莊校刻本。《四庫》著録。

李滄溟集三十卷附録一卷

明李攀龍撰。明隆慶壬申張佳胤刻本。《四庫》著録。

滄溟詩集十四卷附録一卷

明李攀龍撰。長沙張氏湘雨樓刻本。

海忠介公集六卷

明海瑞撰。康熙刻《邱海合集》本。《四庫》著録十卷，題《備忘集》。

弇洲山人四部稿一百七十四卷續編二百七卷

明王世貞撰。明嘉靖刻本，無年月。《四庫》著録。

讀書後八卷

明王世貞撰。乾隆丙子顧朝泰刻本。《四庫》著録。

王少泉集鈔八卷

明王格撰。京山王氏家刻本。《四庫》存目三十三卷。

甂甌洞稿二十六卷

明吴國倫撰。萬曆中王同軌校本。文二十卷，詩六卷。

甂甎洞稿五十四卷續集二十七卷

明吴國倫撰。明萬曆甲申自刻本。《四庫》存目。

太函集一百二十卷

明汪道昆撰。明萬曆辛卯刻本，明吴師古舊藏。《四庫》存目。

區太史詩集二十七卷

明區大相撰。《粤十三家集》本。

少室山房類稿一百二十卷

明胡應麟撰。續《金華叢書》本。《四庫》著録。

宗子相集十五卷

明宗臣撰。明刻本。《四庫》著録。

張崌崍集二十七卷

明張佳胤撰。明萬曆丁亥張宗載刻本。

四溟集二十四卷

明謝榛撰。明刻本。《四庫》著録十卷。

蠛蠓集五卷

明盧柟撰。明萬曆壬寅張其忠刻本。《四庫》著録。

澹園集四十九卷續集三十五卷

明焦竑撰。蔣國榜刻《金陵叢書》本。

龍珠山房集二卷補遺一卷附録一卷湖上篇一卷

明李奎撰。《武林往哲遺著》本。

徐文長文集三十卷

明徐渭撰。《海山仙館叢書》本。

胡敬齋集三卷

明胡居仁撰。《正誼堂全書》本。《四庫》著録。

陳剩夫集四卷

明陳真晟撰。《正誼堂全書》本。《四庫》存目。

王節愍公集二卷附録一卷

明王道焜撰。《武林往哲遺著》本。又《乾坤正氣集》本。

臥月軒集三卷附録一卷

明顧若璞撰。《武林往哲遺著》本。

王文端公尺牘八卷

明王家屏撰。明刻本。

卓光禄集三卷

明卓明卿撰。《武林往哲遺著》本。《乾坤正氣集》本。《四庫》存目。

大泌山房集一百三十四卷

明李維楨撰。明刻本。《四庫》存目。

朱秉器詩集四卷

明朱孟震撰。明刻本。《四庫》存目八卷。

緱山集二十七卷

明王衡撰。明刻本。《四庫》存目。

白榆詩集八卷文集二十卷

明屠隆撰。明萬曆庚子刻本。《四庫》存目。

穀城山館文集四十二卷

明于慎行撰。明刻本。《四庫》存目。

張文僖集一卷

明張益撰。《乾坤正氣集》本。

張陽和集三卷

明張元忭撰。《正誼堂全書》本。《四庫》存目《不二齋文選》七卷。

味檗齋文集十四卷遺筆一卷

明趙南星撰。《畿輔叢書》本。

趙忠毅集十八卷

明趙南星撰。《乾坤正氣集》本。

去僞齋文集十卷

明吕坤撰。道光丁亥栗毓美刻本。《四庫》存目。

來禽館集二十八卷

明邢侗撰。明萬曆戊午傅氏版築居刻本。又一部二十九卷，詩五卷在前，與版築居本不同。《四庫》存目。

玉茗堂文集十六卷詩集十八卷賦集六卷尺牘六卷

明湯顯祖撰。康熙癸酉阮正嶽刻本。《四庫》存目二十九卷。

崇雅堂集十五卷

明鐘羽正撰。光緒丁未益都鐘氏刻本。《四庫》存目。

小山草十卷

明郝敬撰。明刻本。傳鈔本。《四庫》存目。

二酉園文集十四卷

明陳文燭撰。沔陽盧氏景印明刻本。《四庫》存目。

二酉園續集二十三卷

明陳文燭撰。明萬曆刻本。卷一至卷三闕，《四庫》存目。

中洲草堂遺集二十六卷

明陳子升撰。《粤十三家集》本。

由庚堂集三十八卷

明鄭汝璧撰。明萬曆乙巳刻本。

白蘇齋集十八卷

明袁宗道撰。光緒辛巳袁照刻本。《四庫》未收。

珂雪齋集二十四卷

明袁中道撰。明刻本。抄本。《四庫》未收。

市隱園集三十卷

明費尚伊撰。沔陽盧氏慎始基齋刻本。

素風居士集攟遺二卷附録一卷

明歐陽東鳳撰。鈔本。鵬雲輯刻本。

小辨齋偶存八卷

明顧允成撰。《常州先哲遺書》本。《四庫》著録。

高子遺書十二卷附録一卷年譜一卷

明高攀龍撰。康熙己巳高氏家刻本。《四庫》著録。

涇皋藏稿二十二卷

明顧憲成撰。傳鈔本。刻本，二十六卷。《四庫》著録。

袁中郎集三十八卷

明袁宏道撰。鍾伯敬編訂本。《四庫》存目四十卷。

袁中郎集二十四卷

明袁宏道撰。同治八年裔孫袁照刻本。

瓶花齋集十卷

明袁宏道撰。明萬曆戊申袁氏書種堂刻本。

解脱集四卷附瓶史一卷

明袁宏道撰。明萬曆間江盈科寫刻本。

王季重集四卷

明王思任撰。《乾坤正氣集》本。

黄離草十卷

明郭正域撰。鈔本，據明刻。又北京大學有《合併黄離草》三十卷，擬借鈔。

熊襄愍集十卷附録一卷

明熊廷弼撰。江夏熊氏家刻本。

熊襄愍集七卷

明熊廷弼撰。《乾坤正氣集》本。

經遼疏牘十卷

明熊廷弼撰。湖北通志局據日本舊抄校刻本。

熊襄愍尺牘四卷

明熊廷弼撰。光緒戊申武昌刻本。

檀園集十二卷

明李流芳撰。明崇禎二年刻本。《四庫》著録。

楊忠烈集十卷

明楊漣撰。道光癸巳楊氏家刻本。《乾坤正氣集》本，五卷。

梅中丞遺集八卷附録一卷

明梅之焕撰。鈔本。

左忠毅集三卷

明左光斗撰。《乾坤正氣集》本。

隱秀軒集三十二卷

明鐘惺撰。明天啟壬戌刻本。活字排印本，此本不分卷，但以千字文由天至陽三十二字分集而已。《四庫》未收。

方孩未先生集十六卷

明方震孺撰。同治戊辰裔孫方長華刻本。

從野堂集八卷補遺一卷年譜一卷

明繆昌期撰。《常州先哲遺書》本。《乾坤正氣集》本五卷。

從野堂存稿八卷外集五卷年譜一卷

明繆昌期撰。同治甲戌江陰繆氏家刻本。

藏密齋集七卷

明魏大中撰。《乾坤正氣集》本。

藏密齋書牘一卷

明魏大中撰。《檇李叢書》本。

黄忠端集三卷

明黄尊素撰。《乾坤正氣集》本。

周忠介燼餘集三卷

明周順昌撰。《乾坤正氣集》本。《四庫》著録。

譚友夏合集二十三卷

明譚元春撰。鈔本。《四庫》存目。

孫高陽集二十卷

明孫承宗撰。順治乙未孫之淓刻本。《乾坤正氣集》本三卷。

明德堂文集二十六卷

明吕維祺撰。康熙二十年吕氏家刻本。《四庫》存目。

范文忠集十卷

明范景文撰。《畿輔叢書》本。《乾坤正氣集》本，九卷。《四庫》著録十二卷。

劉子文編十卷

明劉宗周撰。《乾坤正氣集》本。《四庫》著録十七卷，題《劉蕺山集》。

劉子全書遺編二十四卷

明劉宗周撰。道光庚戌杜春生、沈復燦校刻本。

瞿忠宣公集十卷

明瞿式耜撰。光緒十三年瞿廷韶武昌刻本。《乾坤正氣集》本，八卷。

碧筠館詩稿四卷補遺一卷附録一卷

明淩立撰。《武林往哲遺著》本。

宋布衣集三卷清平閣唱和詩一卷

明宋登春撰。《畿輔叢書》本。《四庫》著録，無唱和詩。

徐念陽集八卷

明徐如珂撰。《乾坤正氣集》本。

周衛陽先生集十四卷

明周世選撰。崇禎壬申孫承芳刻本。《四庫》存目。

白蓮涇文集八卷不波館詩集六卷

明程德良撰。萬曆間家刻本。抄本。

賀文忠集四卷附録一卷

明賀逢聖撰。同治己巳錢桂林刻本。《乾坤正氣集》本。

落落齋遺集十卷

明李應昇撰。《常州先哲遺書》本。《乾坤正氣集》本，六卷。

鹿忠節集二十一卷

明鹿善繼撰。《乾坤正氣集》本。

鹿忠節認真草十六卷

明鹿善繼撰。《畿輔叢書》本。

孫白谷集四卷

明孫傳庭撰。《乾坤正氣集》本。《四庫》著録六卷。

白谷山人詩鈔二卷

明孫傳庭撰。馮如京編刻本。

郝太僕集一卷

明郝景春撰。《乾坤正氣集》本。

熊魚山集二卷

明熊開元撰。湖北刻本。

魚山賸稿八卷

明熊開元撰。傳鈔本。

疑雨集四卷

明王彦泓撰。光緒乙巳長沙葉德輝刻本。

倪文正集四卷

明倪元璐撰。《乾坤正氣集》本。《四庫》著録五種，共四十卷。

凌忠介集二卷

明凌義渠撰。《乾坤正氣集》本。《四庫》著録六卷。

吴忠節集二卷

明吴麟徵撰。《乾坤正氣集》本。

祁忠惠集八卷

明祁彪佳撰。《乾坤正氣集》本。

仍貽堂集二卷

明侯峒曾撰。《乾坤正氣集》本。

蓮鬚閣集六卷

明黎遂球撰。《乾坤正氣集》本。

蓮鬚閣集二十六卷

明黎遂球撰。《粤十三家集》本。

陳忠簡集三卷

明陳子壯撰。《乾坤正氣集》本。

陳文忠公遺集十一卷

明陳子壯撰。《粤十三家集》本。

盧忠肅集二卷

明盧象昇撰。《乾坤正氣集》本。《四庫》著録三卷。

黄漳浦集五十卷

明黄道周撰。道光八年陳壽祺編刻本。

黄石齋集十六卷

明黄道周撰。《乾坤正氣集》本。

松圓浪淘集十八卷偈庵集二卷
明程嘉燧撰。明刻本。宣統二年排印本。《風雨樓叢書》本。

敬亭集十卷補遺一卷附録一卷年譜一卷
明姜埰撰。光緒己丑山東局刻本。《四庫》存目。

交行摘稿一卷
明徐孚遠撰。《藝海珠塵》本。

周文忠集四卷
明周鳳翔撰。《乾坤正氣集》本。

劉文烈集一卷
明劉理順撰。《乾坤正氣集》本。

金忠潔集六卷年譜一卷

明金鉉撰。《畿輔叢書》本。《乾坤正氣集》本。《常州先哲遺書》本，均二卷。

申端愍文集二卷詩集八卷附録二卷

明申佳胤撰。王灝刻《永年申氏遺書》本。《乾坤正氣集》本，文一卷，無詩。《四庫》著録《詩集》六卷。

四素山房集二十卷

明劉鴻訓撰。崇禎刻本。

瑶光閣集十卷

明黄端伯撰。《乾坤正氣集》本。《四庫》存目十三卷。

温寶忠稿十卷

明温璜撰。《乾坤正氣集》本。

陶庵集二十二卷

明黄淳耀撰。光緒己卯嘉定刻本，附《谷簾學吟》一卷、《年譜》一卷、《附録》一卷。《乾坤正氣集》本，十卷。《四庫》著録。

陶庵文集七卷詩集八卷附偉恭詩一卷

明黄淳耀撰。《偉恭詩》弟淵耀撰。乾隆辛巳陶應錕刻本。

谷簾先生遺書三卷

明黄淵耀撰。《乾坤正氣集》本。

金忠節公集八卷

明金聲撰。道光丁亥龔斗南校刻本。

金忠節公集九卷

明金聲撰。《乾坤正氣集》本。

樓山堂集二十七卷

明吴應箕撰。《粤雅堂叢書》本。劉世珩刻《貴池二妙集》本。《乾坤正氣集》本，十八卷。

巖野先生集三卷

明陳邦彦撰。《乾坤正氣集》本。

陳忠裕公集三十卷

明陳子龍撰。嘉慶八年王昶輯刻本。《乾坤正氣集》本，十卷。

夏内史集九卷附録一卷

明夏完淳撰。《藝海珠塵》本。《乾坤正氣集》本，四卷，稱《夏節愍集》。

夏節愍集十卷首末二卷補遺一卷

明夏完淳撰。嘉慶十二年莊師洛輯刻本。

張閣學集二卷

明張煌言撰。《乾坤正氣集》本。

嶧桐集二十卷

明劉城撰。劉世珩刻《貴池二妙集》本。

鎌山草堂詩鈔二卷

明王先承撰。《藝海珠塵》本。

賜誠堂集六卷

明管紹甯撰。《乾坤正氣集》本。

葛中翰集三卷

明葛麟撰。《乾坤正氣集》本。

觀復堂集二卷

明朱集璜撰。《乾坤正氣集》本。

江止庵集八卷

明江天一撰。《乾坤正氣集》本。

錢忠節集一卷

明錢肅樂撰。《乾坤正氣集》本。

影園集一卷

明鄭元勛撰。《乾坤正氣集》本。

花王閣賸稿一卷

明紀坤撰。《畿輔叢書》本。《四庫》存目。

堵文忠集六卷

明堵胤錫撰。《乾坤正氣集》本。

左忠貞集六卷

明左懋第撰。《乾坤正氣集》本。

朱中尉集四卷

明朱議霶撰。《豫章叢書》本。中尉後更姓名爲林時益，字確齋。

史忠正集四卷

明史可法撰。《畿輔叢書》本。《乾坤正氣集》本。

薛堆山前集鈔一卷

明薛寀撰。《常州先哲遺書》本。

翁梅莊遺草六卷

明翁白撰。《浦城遺書》本。

酉除集一卷附録一卷

明魏晉封撰。王葆心校刻印本。

居易軒遺稿二卷

明趙炳龍撰。光緒庚辰趙聯元刻本。

以上别集類明人詩文集之屬

崇雅堂書録卷之十二終

崇雅堂書録卷之十三

潛江甘鵬雲藥樵編

集部四

别集類下

南雷文案十一卷續文案五卷子劉子行狀二卷詩歷三卷

清黄宗羲撰。康熙庚申萬斯大鄭梁校刻本。涵芬樓影印本。

南雷文定前集十一卷後集四卷三集三卷四集四卷附録一卷

清黄宗羲撰。康熙戊辰靳治荆刻本。耕餘樓覆刻本。《粤雅堂叢書》本。《四庫》存目。

南雷文約四卷

清黄宗羲撰。鄭大茆刻本。《四庫》存目。

亭林文集六卷詩集五卷

清顧炎武撰。《亭林遺書》本。葛氏學古齋刻本，無詩，有《餘集》一卷。光緒戊寅湘陰吴光堯刻《詩集》單行本。

亭林餘集一卷佚詩一卷

《亭林遺書》本。

亭林集外詩一卷

《古學彙刊》本。

聰山詩集八卷文集三卷

清申涵光撰。《永年申氏遺書》本。《四庫》存目十四卷。

青箱堂文集三十三卷詩集三十三卷

清王崇簡撰。《四庫》存目。

青溪遺稿二十八卷

清程正揆撰。抄本。《四庫》存目。

陳士業集十六卷

清陳士業撰。《四庫》存目。江西刻本。

西北文集四卷

清畢振姬撰。《四庫》存目。抄本。

蕭亭詩選六卷

清張實居撰。王《漁洋全集》附刻本。

西廬文集四卷

清張雋撰。宣統庚戌活字印本。

吴赤溟集一卷

清吴炎撰。光緒丙午活字印本。

棗林詩集三卷

清談遷撰。《古學彙刊》本。

忠裕堂集一卷

清申涵盼撰。《永年申氏遺書》本。

了菴文集九卷

清王岱撰。抄本。《四庫》存目。

藏山閣詩存十二卷文存六卷尺牘四卷

清錢秉鐙撰。上海活字排印本。

耐俗軒新樂府一卷

清申頲撰。《畿輔叢書》本。《四庫》存目《詩集》三卷。

薑齋文集十卷文集補遺二卷詩集十卷

清王夫之撰。《船山遺書》本。

薑齋雜體詩十四卷

清王夫之撰。《船山遺書》本。

申氏拾遺集二卷

清申居鄖撰。《永年申氏遺書》本。

霜猿集一卷

清周谷撰。《琳瑯秘室叢書》本。

沚亭文集二卷

清孫廷銓撰。《四庫》存目。抄本。

鎌山草堂詩鈔二卷

清王光承撰。《藝海珠塵》本。光承幾社中人，爲吴中三高士之一。

看花雜詠一卷

清歸莊撰。《藝海珠塵》本。

東癡詩選二卷

清徐夜撰。王阮亭選刻本。

輞川詩鈔五卷

清王澐撰。《藝海珠塵》本。

石閭集一卷

清蔣易撰。宣統二年刻本。

陋軒詩集十二卷續集二卷

清吴嘉紀撰。道光庚子夏嘉穀刻本。《四庫》存目四卷。

白茅堂集四十六卷

清顧景星撰。康熙中家刻本。《四庫》存目。

六松堂集十四卷

清曾燦撰。《豫章叢書》本。

髻山文鈔二卷

清宋之盛撰。《豫章叢書》本。

四照堂文集十二卷詩集四卷

清王猷定撰。《豫章叢書》本。

溉園集五卷

清萬時華撰。《豫章叢書》本。

胡石莊詩集二十七卷
清胡承諾撰。天門周氏沈觀齋刻本。

變雅堂文集四卷詩集十卷
清杜濬撰。黄岡劉維楨刻本。又咸豐四年江夏彭崧毓刻《文集》四卷，單行本。

變雅堂文集八卷詩集十卷附録二卷
清杜濬撰。黄岡沈自申刻本。

浪齋新舊詩一卷
清徐波撰。《滂喜齋叢書》本。

閻古古詩選三卷
清閻爾梅撰。康熙癸巳汪觀選刻本。

萬年少遺詩一卷

清萬壽祺撰。活字排印本。

溉堂集九卷續集六卷後集六卷

清孫枝蔚撰。康熙間刻本。《四庫》存目。

霜紅龕詩集八卷文集五卷

清傅山撰。光緒丁未王晉榮刻本。

鈍吟集三卷

清馮班撰。問影樓活字排印本。

馮定遠集十一卷

清馮班撰。《四庫》存目。

墨井詩鈔二卷三巴集一卷

清吴歷撰。《小石山房叢書》本。

戇叟詩鈔四卷補遺一卷

清紀映鍾撰。傳春官《金陵叢刻》本。

善卷堂四六文十卷

清陸繁弨撰，吴自高注。道光壬寅步月樓刻本。《四庫》存目。

愚庵集十五卷

清朱鶴齡撰。抄本。

蒿庵集三卷

清張爾岐撰。乾隆癸巳胡德琳刻本。《四庫》存目。

二曲集二十二卷

清李顒撰。《四庫》存目。通行本。

清風遺集二卷附録一卷

清魏閥撰。漢川劉洪烈刻本。

水田居文集五卷詩集三卷

清賀貽孫撰。咸豐六年賀鳴盛刻本。《四庫》存目。

甌香館集十二卷補遺一卷題畫一卷

清惲格撰。《别下齋叢書》本。湖北局本。

獨漉堂詩集八卷

清陳恭尹撰。康熙甲寅家刻本。王隼《嶺南三家詩選刻》本。

初學集一百十卷

清錢謙益撰。明崇禎癸未家刻本。

有學集五十一卷

清錢謙益撰。康熙乙丑金匱山房刻本。

牧齋初學集詩注二十卷有學集詩注十七卷

謙益從子曾注。日本明治乙酉活字印本。

定山堂集四十三卷

清龔鼎孳撰。光緒九年龔彦緒刻本。

定山堂古文小品二卷續一卷補遺三卷

清龔鼎孳撰。光緒九年龔彦緒刻本。

吴梅村詩文集四十卷

清吴偉業撰。康熙丁未顧湄、盧鋐校刻本。《四庫》著録。

吴詩集覽二十卷

清吴偉業撰，靳榮藩注。乾隆四十年靳氏刻本。

梅村詩集注十八卷

清吴偉業撰，吴翌鳳注。嘉慶甲戌滄浪吟榭刻本。湖北書局刻本。

梅村家藏稿五十八卷補遺一卷年譜四卷

清吴偉業撰。武進董氏誦芬室刻本。

蓼齋集四十七卷後集五卷

清李雯撰。順治丁酉石維崑刻本。

静惕堂集四十四卷

清曹溶撰。雍正乙巳李維鈞刻本。《四庫》存目。

栖雲閣詩集十九卷文集十五卷

清高珩撰。乾隆戊午丁酉先後刻本。《四庫》存目。

留耕堂遺詩四卷

清高瑋撰。乾隆戊午家刻本。

蕉林詩集十五卷

清梁清標撰。康熙戊午家刻本。《四庫》存目。

曹澮餘詩集四卷

清曹申吉撰。康熙庚子家刻本。

經義齋集十八卷

清熊賜履撰。康熙庚午刻本。《四庫》存目。

世德堂集四卷

清王鉞撰。康熙刻本。《四庫》存目。

夏峰文集十四卷年譜二卷

清孫奇逢撰。王灝刻《夏峰遺書》本。

張楊園全集十六卷

清張履祥撰。乾隆丙子朱芬刻本，乾隆壬寅修板。

桴亭遺書三十八卷年譜一卷

清陸世儀撰。光緒己亥唐受祺輯刻本。

寒松堂集十三卷年譜一卷

清魏象樞撰。六世孫煜刻本。《畿輔叢書》本。《四庫》存目九十二卷。

兼濟堂集十二卷年譜一卷

清魏裔介撰。康熙辛卯家刻本。《畿輔叢書》本。《四庫》著録。

潛庵遺書十卷續編二卷

清湯斌撰。家刻本。《四庫》著録。又《正誼堂全書》本，二卷。

六是堂詩略一卷文略一卷

清顧如華撰。劉洪烈刻本。

三魚堂集十二卷外集六卷附録一卷

清陸隴其撰。康熙辛巳家塾刻本。

陸稼書集二卷

清陸隴其撰。《正誼堂全書》本。

榕村文集四十卷續集六卷别集五卷

清李光地撰。家刻本。《四庫》著録，無《續集》、《别集》。

清聖祖文第四集三十六卷

清莊親王允禄編。内府刻本。

清高宗文二集四十四卷

内府刻本。

菜根堂文集二卷詩集二卷

清李以篤撰。光緒九年漢陽李氏家刻本。

魏伯子文集十卷

清魏際瑞撰。紱園書塾刻本。

魏叔子文集二十二卷詩集八卷

清魏禧撰。紱園書塾刻本。

魏季子文集十六卷

清魏禮撰。紱園書塾刻本。

梓室集六卷

清魏世傑撰。紱園書塾刻本。

爲谷文稿八卷

清魏世儼撰。紱園書塾刻本。

熊學士集三卷
清熊伯龍撰。《四庫》存目。

陶庵詩集三卷
清李浹撰。《漁洋山人選刻》本，無年月。

屺思堂文集八卷詩集一卷
清劉子壯撰。《四庫》存目。

壯悔堂文集十卷
清侯方域撰。嘉慶甲戌侯資燦刻本。

芝在堂集十五卷
清劉醇驥撰。《四庫》存目。康熙五年刻本。

容齋千首詩七卷

清李天馥撰。合肥蒯氏刻本。

退庵集二十一卷

清李敬撰。《四庫》存目。

道援堂集十三卷

清屈大均撰。康熙初年家刻本。王隼《嶺南三家詩選》刻本八卷。

九谷集六卷

清方殿元撰。《粤十三家集》本。《四庫》存目。

六瑩堂集九卷二集八卷

清梁佩蘭撰。《粤十三家集》本。《四庫》存目《藥亭詩集》二卷。

思古堂集四卷

清毛先舒撰。《四庫》存目。抄本。

海日堂集七卷

清程可則撰。道光五年刻本。

大樗堂初集十二卷

清王隼撰。《粤十三家集》本。

居業堂集二十卷敘傳一卷

清王源撰。《畿輔叢書》本。

陳學士文集十五卷

清陳儀撰。《畿輔叢書》本。

留耕堂詩集一卷

清殷岳撰。《畿輔叢書》本。

柿葉庵詩集一卷

清張蓋撰。《畿輔叢書》本。

芑山集二十四卷

清張自烈撰。《豫章叢書》本。

積書巖詩集一卷

清劉逢源撰。《畿輔叢書》本。《四庫》存目。

玉暉堂詩集五卷

清趙湛撰。《畿輔叢書》本。

王阮亭詩選十七卷

清王士禎撰。康熙壬寅盛符升刻本，此爲《漁陽集》最初槧本。

蠶尾集十卷

清王士禎撰。康熙丙子刻本。《四庫》存目。

漁洋詩集二十二卷續集十六卷蠶尾集十卷蠶尾續集二卷後集二卷南海集一卷雍益集一卷

清王士禛撰。《漁洋全集》本。

漁洋文略十四卷載書圖詩一卷

清王士禛撰。《漁洋全集》本。《四庫》存目。

帶經堂集九十二卷

清王士禛撰。康熙壬辰程哲編刻本。

漁洋精華録十卷

清王士禛撰。林佶寫刻本。《四庫》著録。

漁洋精華録注十二卷補注一卷年譜一卷

清王士禛撰，金榮箋注。鳳翽堂刻本。

漁洋精華録訓纂二十卷年譜一卷金注辨訛一卷

清王士禎撰，惠棟訓纂。紅豆齋刻本。《四庫》存目十卷。

漁洋集外詩二卷

清王士禎撰。《觀自得齋叢書》本。

司勳五種集二十卷

清王士禄撰。《四庫》存目。

西陂類稿五十卷

清宋犖撰。康熙辛卯家刻本。《四庫》著録三十九卷。

緜津山人詩集十八卷

清宋犖撰。《四庫》存目。

緯蕭草堂集三卷

清宋至撰。《西陂類稿》附刻本。《四庫》存目六卷。

虚直堂文集二十四卷

清劉榛撰。康熙丙寅自刻本。

禮山園文集十七卷詩集十一卷

清李來章撰。康熙間賜書堂刻本。《四庫》存目《文集》八卷。

安雅堂文集二卷文續集二卷詩集不分卷書啟一卷蜀集二卷未刻稿八卷

清宋琬撰。康熙間刻本。《四庫》存目，無《書啟》、《蜀集》、《未刻稿》。

施愚山詩集五十卷文集二十八卷家風述略二卷別集四卷

清施閏章撰。康熙戊子曹楝亭刻本。《四庫》著録。《家風述畧》子彦恪輯刻，《別集》曾孫念曾校刻。

古歡堂文集二十二卷詩集十五卷生志一卷年譜三卷

清田雯撰。康熙間家刻本。《四庫》著録三十六卷。

有懷堂集二卷

清田肇麗撰。乾隆壬戌田同之刻本。《四庫》存目。

午亭文編五十卷

清陳廷敬撰。林佶寫刻本。《四庫》著録。

七頌堂詩集十卷

清劉體仁撰。康熙戊午刻本。《四庫》存目十四卷。

鶴鳴堂文集十卷

清任源祥撰。康熙甲申孫光國刻本。

珂雪集一卷朝天集一卷鴻爪集一卷

清曹貞吉撰。康熙壬子家刻本。《四庫》存目。

明樂府一卷

清萬斯同撰。同治八年刻本。

遯庵文集十二卷

清儲方慶撰。光緒二年宜興儲氏家刻本。

黄葉村莊詩集八卷

清吴之振撰。康熙間刻本。《四庫》存目，十卷。

白漊文集四卷

清沈受宏撰。《四庫》存目。

飴山詩集二十卷文集十二卷

清趙執信撰。乾隆壬辰家刻本。《四庫》著録十三卷，題《因園集》。

青門簏稿十六卷旅稿六卷剩稿八卷

清邵長蘅撰。《常州先哲遺書》本。《四庫》存目。

澹園文集三十三卷

清徐乾學撰。康熙丁丑家刻本。《四庫》存目三十八卷。

百尺梧桐閣集二十六卷

清汪懋麟撰。《四庫》存目。

雪鴻堂集十八卷

清李蕃撰。康熙戊戌家刻本。《四庫》存目。

聊齋文集二卷

清蒲松齡撰。活字排印本。

飲水詩集二卷

清納蘭成德撰。《粤雅堂叢書》本。

秋笳集八卷

清吴兆騫撰。《粤雅堂叢書》本。《風雨樓叢書》本。《四庫》存目。

顧梁汾詩詞集九卷

清顧貞觀撰。楊味雲校印本。

林蕙堂集二十六卷

清吴綺撰。康熙庚辰家刻本。乾隆甲午家刻袖珍本。《文集》十二卷；《續集》六卷；《詩鈔》四卷；《詞鈔》四卷。《四庫》著録。

有懷堂文集二十二卷詩集六卷

清韓菼撰。康熙乙卯家塾刻本。康熙癸未寒碧齋刻本。《四庫》存目。

范忠貞公集十卷

清范承謨撰。康熙丁巳范弘遇刻本。

畫壁遺稾一卷

清范承謨撰。《四庫》存目。

牨犢山房集六卷

清嵇永仁撰。雍正元年刻本。同治元年嵇璜重刻本。《四庫》著録。

南畇文集十二卷詩集二十七卷

清彭定求撰。光緒六年彭祖賢刻本。《四庫》存目，無《詩集》。

朱文端公集四卷附録二卷

清朱軾撰。自刻本，無年月。

趙恭毅剩稿八卷

清趙申喬撰。《四庫》存目。

段天門丈人集四卷

清段陟雲撰。康熙間刻本。

已畦文集十四卷詩集十卷

清葉燮撰。家刻本。《四庫》存目。

葉忠節遺集十三卷

清葉映榴撰。家刻本。《四庫》存目。

鈍翁類稿六十二卷續稿五十六卷别稿一卷

清汪琬撰。家刻本。《四庫》存目。

鈍翁文集十六卷

清汪琬撰。光緒丁亥金吴瀾校刻本。

堯峰文鈔四十卷

清汪琬撰。康熙癸酉林佶寫刻本。《四庫》著録。

分干詩鈔四卷

清葉舒璐撰。家刻本。

曝書亭集八十卷

清朱彝尊撰。康熙五十三年家刻本。《四庫》著録。

曝書亭外集八卷

清朱彝尊撰。《槜李叢書》本。

曝書亭詩注二十二卷

清朱彝尊撰，楊謙注。乾隆中楊氏自刻本，無年月。

曝書亭詩箋注二十三卷

清朱彝尊撰，孫銀槎箋注。嘉慶五年刻本。

曝書亭詩録箋注十二卷

清朱彝尊撰，江浩然箋注。乾隆己卯嘉興江氏家刻本。

西河文集一百二十卷

清毛奇齡撰。康熙庚子家刻《西河全集》本。《四庫》著録。

西河詩集五十卷

清毛奇齡撰。《西河全集》本。《四庫》著録。

西河雜體文十四卷

清毛奇齡撰。《西河全集》本。《四庫》著録。

歸田集四册不分卷

清喬萊撰。家刻本，無年月。

于清端公集四卷

清于成龍撰。康熙癸酉范鄗鼎編刻本。

于清端公政書八卷
清于成龍撰。康熙丁亥公孫于準刻本。《四庫》著録。

陳迦陵儷體文十卷古文六卷詩八卷
清陳維崧撰。康熙間陳氏患立堂刻本。

湖海樓詩集十二卷文六卷駢體文十二卷
清陳維崧撰。乾隆乙卯陳淮刻本。

陳檢討四六注二十卷
清陳維崧撰，陳師恭注。道光壬午步月樓刻本。《四庫》著録。

西堂集八種西堂小草一卷論語詩一卷右北平集一卷看雲草堂集八卷述祖詩一卷于京集五卷哀絃集一卷
清尤侗撰。康熙自刻本。

外國竹枝詞一卷

清尤侗撰。《藝海珠塵》本。

湘中草六卷

清湯卿謀撰。《西堂集》附刻本。

可儀堂文集二卷

清俞長城撰。《藝海珠塵》本。

尹健餘文集十卷尺牘四卷

清尹會一撰。王灝刻《尹健餘遺書》本。

受祺堂詩集三十五卷

清李因篤撰。康熙己卯田氏刻本。《四庫》存目。

突星閣詩鈔十五卷

清王戩撰。《四庫》存目。漢陽王氏家刻本。

南洲草堂集五十卷續集四卷楓江漁父圖題詞一卷青門集一卷

清徐釚撰。康熙乙亥家刻本。

遂初堂文集二十卷詩集十六卷

清潘耒撰。康熙庚寅家刻本。《四庫》存目。

解春文鈔十二卷補遺二卷詩鈔二卷

清馮景撰。《抱經堂叢書》本。

松桂堂集三十七卷

清彭孫遹撰。乾隆八年子承祚刻本，有錢陳羣序。《四庫》著録。

學文堂集二十四卷

清陳玉璂撰。《常州先哲遺書》本。《四庫》存目四十三卷。

丁野鶴詩鈔十卷

清丁耀亢撰。《四庫》存目。

北墅緒言五卷澄江集一卷

清陸次雲撰。康熙癸亥刻本。《四庫》存目。

無異堂文集十二卷

清姚文燮撰。康熙間家刻本。

馮舍人遺詩六卷

清馮廷櫆撰。問影樓活字排印本。

蓮洋集十二卷

清吴雯撰。乾隆壬申王藻、劉組曾刻本。《四庫》著録十卷。

篷窗雜稿不分卷

清温斐忱撰。康熙間自刻本。

懷清堂集二十卷

清湯右曾撰。乾隆丙寅家刻本。《四庫》著録。

施隨邨遺集六卷

清施瑮撰。乾隆己未家刻本。附《愚山集》後。《四庫》存目。

董文友文集八卷詩集二十卷

清董以寧撰。康熙刻本。

道榮堂文集五卷詩集十卷年譜二卷

清陳鵬年撰。乾隆壬子家刻本。《四庫》存目六卷，無《詩集》。

雪鴻堂文集四卷

清李鐘璧撰。康熙戊戌家刻本。一名《燕喜堂集》。《四庫》存目。

雪鴻堂文集二卷
清李鐘莪撰。康熙戊戌家刻本，一名《垂雲亭集》。《四庫》存目。三父子集同名，罕見。

居業齋文集三十卷別集十卷詩集二十卷
清金德嘉撰。康熙甲申家刻本。《四庫》存目，《文集》僅二十卷，無《詩集》。

重閬齋文稿二卷
清汪德容撰。《叢睦汪氏遺書》本。

姜先生全集三十三卷
清姜宸英撰。光緒己丑馮保燮編刻本。《四庫》著録《湛園集》八卷。

湛園未定稿六卷
清姜宸英撰。康熙間二老閣刻本。《四庫》存目。

葦間詩集五卷

清姜宸英撰。道光四年葉元愷刻本。

思復堂集十卷

清邵廷采撰。《紹興先正遺書》本。《四庫》存目。

雲華閣詩略六卷

清易宏撰。《粵十三家集》本。

託素齋集十卷

清黎士宏撰。康熙中家刻本。《四庫》存目。

夢月巖詩集二十卷

清吕履恒撰。雍正乙巳家刻本。《四庫》存目。

味和堂集六卷

清高其倬撰。乾隆五年高恪刻本。

嚴太僕集十二卷
清嚴虞惇撰。乾隆元年家刻本。光緒甲申常熟嚴氏重刻本。

秋泉居士集十七卷
清汪士鋐撰。乾隆十三年家刻本。

王樓村詩集二十五卷
清王式丹撰。雍正三年家刻本。《四庫》存目。

秋江集注六卷
清黄任撰，王元麟注。道光癸卯刻本。《四庫》存目。

香草齋詩注六卷
清黄任撰，陳應魁注。嘉慶甲戌刻本。

十硯老人香草齋詩注四卷

清黄任撰，雲窓主人注。嘉慶己巳刻本。

雙清閣詩集八卷

清勵廷儀撰。乾隆三年家刻本。

耻躬堂文集二十卷

清王命岳撰。康熙甲子李光圯校刻本。《四庫》存目。

舟車初集二十卷

清陶季撰。《四庫》存目。

秋錦山房集二十二卷

清李良年撰。《四庫》存目。

澄懷園詩選十二卷

清張廷玉撰。乾隆丁巳家刻本。光緒辛卯金陵重刻本。《四庫》存目，全集三十七卷。

小石林詩集八卷後集八卷文一卷續一卷
清葉之溶撰。康熙中刻本。

高陽山人詩集二十卷補遺一卷
清劉青藜撰。康熙庚寅家刻本。

思綺堂四六集注十卷
清章藻功撰並注。康熙後壬寅刻本。

敬業堂詩集五十卷續集一卷
清查慎行撰。康熙刻本。《四庫》著録，無《續集》。

望溪先生文集十八卷集外文十卷集外文補遺二卷年譜二卷
清方苞撰。咸豐辛亥戴鈞衡編刻本。

望溪文集八册不分卷

清方苞撰。乾隆十一年程崟刻本。《四庫》著録。

望溪文集補遺一卷

光緒癸卯榮成孫葆田輯刻本。

玉照亭詩鈔二十卷

清陳大章撰。陳師晉刻《黄岡二家詩鈔》本。

尊道堂詩鈔十四卷

清王材任撰。陳師晉刻《黄岡二家詩鈔》本。

潛虚先生集十四卷

清戴名世撰。道光中戴鈞衡編刻本。光緒十八年活字排印本。

戴南山集六卷

清戴名世撰。上海活字排印本。

恕谷後集十三卷擬太平策七卷

清李塨撰[一]。王灝刻《李恕谷遺書》本。《四庫》存目，無《太平策》。

白田草堂存稿二十四卷

清王懋竑撰。乾隆家刻本。《四庫》存目。

杜谿文集七卷

清朱書撰。道光辛卯刻本。

二十四泉草堂集十二卷

清王苹撰。康熙刻本，無年月。《四庫》存目《蓼村集》四卷。

餘園詩鈔六卷

清繆沅撰。乾隆乙丑家刻本。

〔一〕「塨」，原作「琺」，當作「塨」。

穆堂初集五十卷續集五十卷别集五十卷

清李紱撰。道光辛卯家刻本。

鹿洲初集二十卷

清藍鼎元撰。雍正十年刻本。《四庫》著録。

匠門書屋詩集三十卷

清張大受撰。顧詒禄刻本。

豐川全集二十八卷

清王心敬撰。《四庫》存目。

豐川續集三十四卷

清王心敬撰。《四庫》存目。

正誼堂集二十卷

清張伯行撰。《四庫》存目。正誼堂刻本。

杕左堂詩集六卷

清孫致彌撰。乾隆元年程宗傳刻本。《四庫》存目。

硯思集六卷二學亭文涘四卷

清田同之撰。乾隆壬戌戊辰先後刻本。

謝梅莊遺集八卷

清謝濟世撰。光緒戊申活字排印本。

寒村集三十四卷

清鄭梁撰。《四庫》存目。

香樹齋文集二十八卷

清錢陳羣撰。乾隆甲申家刻本。

香樹齋詩集十八卷

清錢陳羣撰。乾隆十六年家刻本。

香樹齋續集三十六卷

清錢陳羣撰。乾隆甲戌家刻本。

菜根堂文集十卷詩集十六卷

清夏力恕撰。家刻本。

存硯樓文集十六卷

清儲大文撰。乾隆甲子家刻本。《四庫》著録。

唐堂集五十卷補遺二卷續一卷

清黄之雋撰。乾隆辛酉家刻本。《四庫》存目，六十一卷。

香屑集十八卷

清黃之雋集唐詩。同治辛未廣東刻本。《四庫》著録。

芝庭文集十八卷附録一卷

清彭啟豐撰。光緒丙子彭祖賢刻本。

南華詩鈔十六卷

清張鵬翀撰。乾隆五年家刻本。

陳司業文集四卷詩集四卷

清陳祖范撰。乾隆己未陳士林刻本。《四庫》存目。

艮齋文集四卷

清王峻撰。長洲蔣棨刻本。《四庫》存目十四卷。

松源集無卷數

清孫之騄撰。《四庫》存目。

上湖紀歲詩編四卷續編一卷文編十卷文編補鈔二卷

清汪師韓撰。《叢睦汪氏遺書》本。

四焉齋文集八卷

清曹一士撰。《四庫》存目。

玉虹草堂詩十六卷

清龍震撰。康熙壬辰家刻本。

鋤經餘草十六卷

清王文清撰。《四庫》存目。

續鴛鴦湖櫂歌十六卷

清朱麟應撰。《槜李叢書》本。

柳州遺稿四卷

清魏之琇撰。丁丙校刻西泠《五布衣集》本。

露香書屋詩十卷

清張映辰撰。嘉慶乙丑張雲璈刻本。

甘莊恪公集十二卷

清甘汝來撰。乾隆庚戌家刻本。

隱拙齋集五十卷

清沈廷芳撰。《四庫》存目。

潄芳居文集八卷

清趙青藜撰。家刻本。

南海百詠續編四卷

清樊封撰。《翠琅玕館叢書》本。

培遠堂偶存稿十卷手札節要三卷

清陳宏謀撰。乾隆乙酉家刻本。

沙河遺老詩集六卷

清馬曰琯撰。《粤雅堂叢書》本。

南齋集六卷

清馬曰璐撰。《粤雅堂叢書》本。

板橋詩鈔三卷道情一卷家書一卷題畫一卷

清鄭燮撰。清暉書屋刻本。

臨江鄉人詩集四卷拾遺一卷

清吴穎芳撰。丁丙校刻《西泠五布衣集》本。

樊榭山房集十卷續集十卷文集八卷集外詩三卷集外文一卷

清厲鶚撰。光緒甲申刻本。《四庫》著録二十卷。

樊榭集外詩一卷

清厲鶚撰。《觀自得齋叢書》本。

檜門詩存四卷附録一卷

清金德瑛撰。光緒己亥家刻本。

移晴堂四六二卷賜書堂文稿二卷

清曹秀先撰。自刻本。

虞東先生文録八卷

清顧鎮撰。《小石山房叢書》本。

清芬樓遺稿四卷

清任啟運撰。光緒戊子荆溪任氏家刻本。

香遠堂集八卷

清周人驥撰。乾隆丁卯刻本。

玉芝堂集九卷

清邵齊燾撰。《四庫》存目。

睫巢集六卷

清李鍇撰。乾隆六年洪肇楙刻本。《四庫》存目。

睫巢後集一卷

清李鍇撰。乾隆乙丑杜甲刻本。《四庫》存目。

鮚埼亭集三十八卷外編五十卷

清全祖望撰。同治壬申刻本。嘉慶甲子史夢蛟刻本，無《外編》。

勾餘土音三卷

清全祖望撰。嘉慶甲戌董秉純校刻本。

守坡居士集十二卷

清宫去矜撰。乾隆戊子家刻本。

道古堂文集四十八卷詩集二十六卷集外文一卷集外詩一卷軼事一卷

清杭世駿撰。乾隆丙申汪氏振綺堂刻本。光緒戊子汪曾唯補刻本，增《集外文》、《集外詩》、《軼事》各一卷。

歸愚文鈔二十卷餘集六卷詩鈔二十卷餘集七卷矢音集四卷歸田集二卷台山遊草一卷南巡詩一卷附録一卷

清沈德潛撰。家刻本。

竹嘯軒詩鈔十八卷

清沈德潛撰。家刻本，與《歸愚詩鈔》有異同。

弇山詩鈔二十卷文鈔一卷

清王霖撰。道光乙酉王蘅刻本。

月山詩集四卷

清宗室恒仁撰。《藝海珠塵》本。

小倉山房詩集三十六卷補遺二卷文集三十五卷外集八卷

清袁枚撰。《隨園全集》本。

小倉山房尺牘八卷牘外餘言一卷

清袁枚撰。《隨園全集》本。

袁文箋正十六卷

清袁枚撰，石韞玉箋。嘉慶壬申石氏刻本。

袁家三妹合稿四卷

《盈書閣遺稿》一卷、《繡餘吟稿》一卷，袁棠撰。《素文女子遺稿》一卷，袁機撰。《樓居小草》一卷，袁杼撰。《隨園全集》本。

紅豆村人詩稿十四卷

清袁樹撰。《隨園全集》本。

南園詩選二卷

清何士顒撰。《隨園全集》本。

湄君詩集二卷

清陸遠撰。《隨園全集》本。

筱雲詩集二卷

清陸應宿撰。《隨園全集》本。

錫慶堂詩集四卷

清嵇璜撰。咸豐元年家刻本。

振綺堂詩存一卷

清汪憲撰。光緒己丑汪曾唯刻本。

松聲池館詩存四卷

清汪璐撰。汪曾唯刻本。

碧腴齋詩存八卷

清胡德琳撰。《隨園全集》本。

弱水集二十卷

清屈復撰。乾隆壬戌賀克昌刻本。

緑蘿山莊文集二十四卷

清胡浚撰並注。嘉慶丙辰家刻本。《四庫》存目。

金冬心三體詩一卷

清金農撰。《小石山房叢書》本。

金冬心先生集四卷續集一卷三體詩一卷拾遺一卷

清金農撰。丁丙刻《西泠五布衣集》本。《四庫》存目，無《續集》、《三體詩拾遺》。

石笥山房文集六卷補遺一卷詩集十一卷補遺二卷續補遺二卷

清胡天遊撰。咸豐二年裔孫鳴泰刻本。

海珊詩鈔十一卷補遺二卷

清嚴遂成撰。乾隆丁丑家刻本。

海珊詩鈔一卷

清嚴遂成撰。《小石山房叢書》本。

介石堂詩集十卷文集十卷

清郭起元撰。乾隆甲戌刻本。

海峰文集八卷詩集十卷

清劉大櫆撰。初刻本。光緒己亥蕭穆刻本，僅詩。

紫竹山房文集二十卷詩集十二卷年譜一卷

清陳兆崙撰。乾隆己巳家刻本。

空山堂文集十二卷詩集六卷

清牛運震撰。嘉慶六年刻本。

柘坡居士集十二卷

清萬光泰撰。乾隆丙子汪孟鋗刻本。《四庫》存目。

王夢樓詩集二十四卷

清王文治撰。乾隆己卯家刻本。

裘文達公文集六卷詩集十二卷奏議一卷

清裘曰修撰。嘉慶壬戌家刻本。

果堂集十二卷

清沈彤撰。乾隆己巳家刻本。《四庫》著録。

銅鼓書堂遺稿三十二卷

清查禮撰。乾隆五十三年查淳刻本。

籜石齋詩集二十四卷

清錢載撰。自刻本。

廉静齋詩集二十四卷

清金甡撰。嘉慶庚辰家刻本。

雅雨堂集四卷

清盧見曾撰。道光庚子家刻本。

硯林詩集四卷拾遺一卷

清丁敬撰。丁丙校刻《西泠五布衣集》本。

知足齋詩集二十卷續集四卷文集六卷進呈稿二卷

清朱珪撰。嘉慶九年家刻本。《畿輔叢書》本，有文無詩。

笥河文集十六卷詩集二十卷

清朱筠撰。嘉慶九年刻本。《畿輔叢書》本，有文無詩。

笥河文鈔二卷

清朱筠撰。傳鈔本。

緝齋詩集八卷文集九卷

清蔡新撰。乾隆中家刻本。

在山堂集三十卷
清程大中撰。道光甲午吴毓梅刻本。

半舫齋古文八卷
清夏之蓉撰。乾隆辛卯戴祖啟刻本。

梅崖居士集三十卷
清朱仕琇撰。乾隆壬寅家刻本。

頻羅菴集十六卷
清梁同書撰。嘉慶丁丑梁玉繩刻本。

復初齋文集三十五卷
清翁方綱撰。光緒丁丑李以烜刻本。

復初齋詩集六十六卷

清翁方綱撰。嘉慶甲戌家刻本。

復初齋集外詩二十四卷集外文四卷

清翁方綱撰。吴興劉氏嘉業堂刻本。

紀文達公文集十六卷詩集十六卷

清紀昀撰。嘉慶壬申公子樹馨編刻本。

寶奎堂文集十二卷篁村詩集十二卷

清陸錫熊撰。道光己酉家刻本。

抱經堂文集三十四卷

清盧文弨撰。乾隆乙卯家刻本。

潛研堂文集五十卷詩集十卷詩續集十卷

清錢大昕撰。《潛研堂全集》本。

所存集二卷附録一卷

清胡紹鼎撰。《夜月樓叢書》本。

古愚詩概六卷

清陳毅撰。乾隆庚辰家刻本。

恩餘堂稿十二卷續編二十二卷三編十一卷策問二卷知聖道齋讀書跋尾二卷

清彭元瑞撰。自刻本。

硯山堂詩集十卷

清吴泰來撰。自刻本。

忠雅堂詩集二十七卷補遺二卷

清蔣士銓撰。光緒刻本。

忠雅堂文集十二卷

清蔣士銓撰。光緒刻本。

春融堂集六十八卷雜記八種八卷

清王昶撰。嘉慶四年家刻本。

靈巖山館詩集四十卷

清畢沅撰。乾隆庚戌家刻本。

小羅浮草堂詩集四十卷

清馮敏昌撰。嘉慶辛未刻本。

樹經堂詩集十五卷續集八卷文集四卷

清謝啟昆撰。嘉慶庚申家刻本。

甌北詩集五十三卷

清趙翼撰。嘉慶壬申家刻本。

甌北詩鈔二十卷

清趙翼撰。《甌北全集》本。

韻蘭堂詩集十二卷續一卷文集五卷續一卷御覽詩六卷經進稿二卷

清沈初撰。乾隆甲寅刻本。

二林居集二十四卷

清彭紹升撰。光緒辛巳彭祖賢刻本。

二林居集二卷

清彭紹升撰。湖北書局刻《巾箱叢書》本。

測海集六卷

清彭紹升撰。嘉慶四年自刻本。

惟清堂文鈔六卷詩鈔五卷年譜一卷

清鐵保撰。道光壬午家刻本。

歸求草堂詩集六卷秋山紀行集三卷金闕攀松集一卷玉井搴蓮集一卷

清嚴長明撰。宣統三年葉德輝刻本。

松桂讀書堂集八卷附如蘭集二卷

清姚培謙撰。乾隆庚申刻本。《四庫》存目。

簡松草堂詩集二十卷

清張雲璈撰。嘉慶五年刻本。

竹初詩鈔十六卷文鈔六卷

清錢維喬撰。嘉慶十三年刻本。

校禮堂文集三十六卷詩集十四卷

清淩廷堪撰。張其錦刻本。

南澗文集二卷

清李文藻撰。《功順堂叢書》本。

一樓居詩稿二卷

清馮祝撰。《藝海珠塵》本。

貞蕤文略一卷詩略一卷

朝鮮朴齊家撰。《藝海珠塵》本。

賜硯堂詩鈔四卷

清伊朝棟撰。伊秉綬刻本。

炳燭室雜文一卷

清江藩撰。《積學齋叢書》本。

蕺園詩集十卷

清程晉芳撰。乾隆壬午自刻本〔一〕。

勉行堂詩集二十四卷文集六卷

清程晉芳撰。嘉慶戊寅鄧廷楨校刻本。

吞松閣集四十卷

清鄭虎文撰。嘉慶己巳刻本。

南江文鈔四卷

清邵晉涵撰。家刻本，無年月。

山木居士集十二卷外集二卷

清魯仕驥撰。道光戊戌陳用光刻本。

〔一〕「自」，原作「目」，當作「自」。

山木居士外集四卷
清魯仕驥撰。家刻初本。

尊聞居士集八卷
清羅有高撰。道光戊戌陳氏刻本。

儀鄭堂文集二卷
清孔廣森撰。《文選樓叢書》本。

顨軒駢體文三卷
清孔廣森撰。《顨軒所著書》本。

惜抱軒文集十三卷後集十卷詩集十卷詩後集一卷外集一卷
清姚鼐撰。同治丙寅李瀚章刻本。

惜抱軒尺牘補編二卷

清姚鼐撰。光緒己卯徐宗亮刻本。

房仲詩選二卷

清沈心撰，姚鼐選。西泠吟社聚珍版印本。

錢南園遺集五卷

清錢澧撰。湖南局本。

南園詩存二卷

清錢澧撰。嘉慶壬戌師範編刻本。

海嶽集八卷

清張開東撰。鈔本。鵬雲重編本。家刻本，十卷，多誤。

在山堂文集十卷詩集二卷

清程大中撰。《在山堂全集》本。

陶園詩集二十三卷文集八卷

清張九鉞撰。嘉慶戊寅從孫張家栻刻本。

有正味齋駢體文二十四卷詩集十六卷外集五卷

清吴錫麒撰。嘉慶十三年家刻本。

有正味齋駢體文箋二十四卷

清吴錫麒撰，王廣業箋。咸豐九年刻本。

有正味齋駢體文注十六卷

清吴錫麒撰，葉聯芬注。同治戊辰刻本。

戴東原集十二卷年譜一卷

清戴震撰。乾隆壬子段玉裁刻《經韻樓叢書》本。

東原文集十卷

清戴震撰。乾隆戊戌微波榭刻本。

兩當軒詩鈔十四卷

清黄景仁撰。嘉慶四年趙希璜刻本。道光十三年許玉彬刻本。

兩當軒詩集二十二卷考異二卷附録四卷

清黄景仁撰。光緒二年家塾刻本。

經史論存四卷

清懶庵吴氏撰。嘉慶甲戌家刻本。

小峴山人詩集二十六卷文集六卷續集二卷

清秦瀛撰。嘉慶二十二年家刻本。

芙蓉山館詩鈔八卷詩鈔二卷文鈔一卷續鈔一卷

清楊芳燦撰。嘉慶乙丑刻本。

述學内篇三卷外篇一卷補遺一卷别録一卷

清汪中撰。《粤雅堂叢書》本。同治己巳淮南局本。

汪容甫遺詩五卷補遺一卷

清汪中撰。上海活字印本。

白華文鈔五卷

清吴省欽撰。家刻本，無年月。

章實齋文鈔一卷

清章學誠撰。風雨樓活字印本。

章氏遺書三十卷外編十八卷補遺一卷

清章學誠撰。吴興劉氏嘉業堂刻本。

大桴山人偶存集三卷

清陳詩撰。光緒戊寅夏允升刻本。

韞山堂文集八卷

清管世銘撰。光緒癸巳大鄖山館童氏刻本。

韞山堂詩集十六卷

清管世銘撰。光緒二十年讀雪山房刻本。

存素堂詩録二十四卷

清法式善撰。嘉慶丁卯王墉刻本。

存素堂文集四卷續集二卷

清法式善撰。嘉慶丁卯陳邦瑞刻本。

經韻樓集十二卷

清段玉裁撰。道光元年刻《經韻樓叢書》本。

授堂文鈔十卷詩鈔八卷附録一卷

清武億撰。道光癸卯億孫耒刻《授堂遺書》本。《粤雅堂叢書》本。

賞雨茅屋集二十二卷外集一卷

清曾燠撰。嘉慶己卯家刻本。

青芝山館詩集二十二卷

清樂鈞撰。嘉慶二十二年陳曼生刻本。

知恥齋文集二卷詩集六卷附録一卷

清謝振定撰。道光十二年家刻本。

問字堂集六卷岱南閣集二卷平津館文稿二卷五松園文稿一卷嘉穀堂集一卷

清孫星衍撰。光緒乙酉長沙王氏刻本。

芳茂山人詩録八卷

清孫星衍撰。嘉慶戊寅《平津館叢書》本。長沙王氏刻本。

長離閣詩集一卷

孫星衍妻王采薇撰。《平津館叢書》本。長沙王氏刻本。

養默山房詩鈔四十卷

清謝元淮撰。家刻本。

思適齋集十八卷

清顧廣圻撰。道光己酉徐渭仁刻《春暉堂叢書》本。

蜕稿四卷

清梁履繩撰。嘉慶五年家刻《清白士集》本。

陶山詩録十二卷詩前録二卷

清唐仲冕撰。嘉慶辛未自刻本。

述古堂集十二卷

清錢兆鵬撰。光緒七年湖北刻本。

揅經室一集十四卷二集八卷三集五卷四集十三卷外集五卷

清阮元撰。道光三年文選樓刻本。

簡莊綴文六卷

清陳鱣撰。蔣氏心矩齋校本，抱經堂補刊。

亦有生齋詩集三十二卷

清趙懷玉撰。嘉慶二年刻本。

劉端臨文集一卷

清劉台拱撰。《劉端臨遺書》本。

一半句留集二卷

清朱樟撰。家刻本。

存悔齋集二十八卷外集四卷

清劉鳳誥撰。道光庚寅刻本。

雕菰樓集二十四卷

清焦循撰。阮刻《文選樓叢書》本。

柴辟亭詩集四卷

清沈濤撰。道光壬寅自刻本。

獨學廬初稿文三卷詩八卷讀左卮言一卷漢書刊誤一卷

清石韞玉撰。乾隆乙卯家刻本。

三松堂集二十卷續集六卷

清潘奕雋撰。同治壬申家塾刻本。

卷施閣文甲集十卷補遺一卷文乙集八卷續編一卷詩集二十卷更生齋文甲集四卷文乙集四卷續集二卷詩集八卷詩續集十卷附鮚軒詩集八卷

清洪亮吉撰。光緒戊寅曾孫洪用懃刻《北江遺集》本。

齊雲山人文集一卷

清洪符孫撰。《雲自在龕叢書》本。

壹齋集四十卷恩賚記一卷畫品一卷畫友録一卷泛泉録一卷

清黄鉞撰。同治二年家刻本。

詒晉齋集八卷後集一卷

清成親王永惺撰。劉晚榮刻《述古叢鈔》本。

月滿樓詩别集八卷

清顧宗泰撰。《讀畫齋叢書》本。

船山詩鈔二十卷

清張問陶撰。嘉慶戊辰刻本。

晚學集八卷

清桂馥撰。《式訓堂叢書》本。

鐵橋漫稿八卷

清嚴可均撰。光緒乙酉蔣氏心矩齋刻本。

劉孟塗文集十卷詩前集十卷詩後集二十二卷駢體文二卷

清劉開撰。道光六年姚氏檗山草堂刻本。

大雲山房文初集四卷二集四卷言事二卷

清惲敬撰。嘉慶二十年盧旬宣南昌刻本。又同治八年孫念孫四川刻本。

茗柯文編五卷

清張惠言撰。嘉慶十四年《茗柯全集》本。湖北局本。

邃雅堂集十卷續編一卷

清姚文田撰。道光元年自刻本。

宛鄰文集二卷詩集二卷附録一卷

清張琦撰。光緒十七年活字印本。

瓶庵居士文鈔四卷詩鈔二卷

清孟超然撰。嘉慶乙亥陳壽祺刻本。

劉禮部集十卷

清劉逢禄撰。道光丙申門人魏源刻本。

吴學士文集四卷詩集五卷

清吴鼒撰。光緒壬午江甯刻本。

存吾文稿四卷詒穀草堂詩集一卷

清余廷燦撰。家刻本。

天真閣集五十四卷外集六卷

清孫原湘撰。光緒辛卯孫氏家塾刻本。

長真閣集七卷

孫原湘妻席佩蘭撰。孫氏家塾刻本。

養素堂文集三十五卷

清張澍撰。道光十七年刻本。

鑑止水齋集二十卷

清許宗彦撰。嘉慶二十四年廣州刻本。咸豐八年廣州刻本。

左海文集十卷駢文二卷東觀存稿一卷絳跗草堂詩集六卷

清陳壽祺撰。同治元年福州刻《陳氏遺書》本。

陳比部詩鈔一卷別集一卷

清陳壽祺撰。《滂喜齋叢書》本。

悔庵學文八卷柯家山館詩集六卷

清嚴元照撰。光緒乙酉陸心源刻《湖州先哲遺書》本。

雀硯齋文集八卷詩集八卷

清張錫穀撰。沔陽張氏家刻本。

崇百藥齋集二十卷續集四卷三集十二卷

清陸繼輅撰。光緒四年家刻本。

煙霞萬古樓文集六卷詩選二卷

清王曇撰。《粤雅堂叢書》本。《春暉堂叢書》本，無文集。

秋室集十卷

清楊鳳苞撰。《湖州先哲遺書》本。

小謨觴館詩集八卷詩續集二卷文集四卷文續集二卷

清彭兆蓀撰，錢唐孫元培注。光緒甲午泉唐汪氏刻本。

瓶水齋集十七卷別集二卷

清舒位撰。光緒丙戌刻本。《畿輔叢書》本。

曬書堂集十二卷外集二卷別集一卷詩鈔二卷和鳴集一卷

清郝懿行撰。光緒十年家刻《郝氏遺書》本。

聽松廬詩鈔十六卷

清張維屏撰。嘉慶十八年自刻本。

香蘇山館古體詩鈔十四卷今體詩鈔十六卷

清吴嵩梁撰。嘉慶二十三年自刻本。

霞蔭堂文集不分卷

清康基田撰。合河康氏家刻本，無年月。鈔本。

太乙舟文集八卷

清陳用光撰。道光中孫大焕武昌刻本。

通藝堂集二卷

清劉伯崧撰。湖南思賢講舍刻本。

小萬卷齋詩稿三十二卷詩續稿十二卷經進稿四卷文稿二十四卷

清朱琦撰。光緒乙酉家刻本。

賜綺堂集十五卷續集四卷

清詹應甲撰。嘉慶乙丑刻本。

養一齋文集二十卷詩集四卷

清李兆洛撰。光緒戊寅刻本。

碧城仙館詩八卷

清陳文述撰。《靈鶼閣叢書》本，不全。

秣陵集六卷

清陳文述撰。淮南書局刻本。

冬花庵燼餘稿三卷

清奚岡撰。丁丙刻《西泠五布衣集》本。

仙屏書屋詩録十六卷後録二卷

清黄爵滋撰。道光丙午刻本。

刻燭集一卷

清曹仁虎撰。《藝海珠塵》本。

尚絅堂詩集五十二卷

清劉嗣綰撰。道光六年家刻本。

尚絅堂文集二卷

清劉嗣綰撰。花雨樓刻本。

樫花館文集六卷駢文一卷詩集四卷雜録一卷

清路德撰。光緒辛巳門人閻敬銘編刻本。

犢山類稿六卷課易存商一卷讀書雜記一卷隨筆一卷詩稿四卷

清周鎬撰。嘉慶丁丑刻本。

西漚詩外集十卷

清李庚撰。同治戊辰家刻本。

童山選集十二卷詩集四十二卷文集六卷
清李調元撰。《函海》本。

甘泉鄉人稿二十四卷餘稿二卷年譜一卷
清錢泰吉撰。同治壬申子應溥刻本。

衎石齋記事稿十卷續稿十卷
清錢儀吉撰。道光甲午廣州刊本。《續稿》咸豐甲寅蔣光煦刻本。

定廬集四卷
清錢儀吉撰。甲寅年李傳元刻本。

澹靜齋文鈔六卷外編二卷詩鈔六卷
清龔景瀚撰。道光丙午家刻本。

萬善花室文稿七卷詩稿四卷

清方履籛撰。《雲自在龕叢書》本。《畿輔叢書》本，無詩。

落颿樓文稿四卷

清沈垚撰。《連筠簃叢書》本。

落颿樓集二十四卷補遺一卷

清沈垚撰。劉承幹刻《吴興叢書》本。

東溟文集六卷外集四卷文後集十四卷外集二卷後湘詩集九卷二集五卷續集七卷

清姚瑩撰。同治丁卯男濬昌刻《中復堂全集》本。

中復堂遺稿五卷續編三卷

清姚瑩撰。《中復堂全集》本。

菰蘆吟八卷

清顧錦春撰。嘉慶十三年刻本。

秋紅丈室遺詩一卷

清金禮嬴撰。《春暉堂叢書》本。

陔南池館遺集二卷

清喬重禧撰。《春暉堂叢書》本。

雙樹生詩草一卷

清林鎬撰。《春暉堂叢書》本。

冬青館甲集六卷乙集八卷

清張鑑撰。《吴興叢書》本。

崇雅堂詩鈔十卷文鈔二卷駢體文鈔四卷

清胡敬撰。道光丙午刻本。

崇雅堂删餘詩一卷應制存稿一卷定鄉雜著二卷

清胡敬撰。道光丙午刻本。

紀半樵詩一卷

清紀大復撰。《春暉堂叢書》本。

藝庵遺詩一卷

清黄彦撰。《小石山房叢書》本。

小蓬海遺詩一卷

清翁雒撰。《別下齋叢書》本。《小石山房叢書》本。

屑屑集一卷

清翁雒集唐詩。《別下齋叢書》本。

儀鄭堂殘稿一卷

清曹堉撰。《春暉堂叢書》本。

有聲畫一卷

清許光治撰。《楝亭十二種》本。《别下齋叢書》本。

居易堂殘稿一卷

清章鶴齡撰。《春暉堂叢書》本。

晚聞居士集九卷

清王宗炎撰。道光辛卯精刻本。

程侍郎集十卷

清程恩澤撰。《粤雅堂叢書》本。

松龕文集四卷詩集二卷徐氏敘傳一卷

清徐繼畬撰。活字印本。

肙齋文集八卷詩集四卷

清張穆撰。咸豐八年祁嶲藻刻本。

𩞁飢亭集三十二卷

清祁嶲藻撰。咸豐六年刻本。

𩞁飢亭後集十二卷

清祁嶲藻撰。祁氏家藏鈔本。

紅蕉山館文鈔八卷

清喻文鏊撰。光緒三年家刻本。

歗古堂文集八卷

清蔣敦復撰。同治七年自刻本。

校經廎文稿十八卷

清馮登府撰。道光元年自刻本。

雲中集六卷

清劉淳撰。光緒辛巳家刻本。

簡學齋詩存四卷詩删四卷

清陳沆撰。咸豐壬子葉名澧刻本。

雙白燕堂詩集八卷文集二卷外集一卷

清陸耀遹撰。光緒四年陸佑勤刻本。

漆室吟八卷百柱堂詩稿八卷

清王栢心撰。家刻本。

百柱堂全集五十三卷

清王栢心撰。光緒二十四年門人貴陽唐炯刻本。《内集》三十四卷，《外集》十九卷。

彤雲閣遺稿二卷

清王家仕撰。《百柱堂全集》附刻本。

歸樸龕叢稿十二卷

清彭藴章撰。道光戊申長洲彭氏家刻本。

南村草堂詩鈔十九卷

清鄧顯鶴撰。道光戊子家刻本。

六硯草堂詩集四卷

清延君壽撰。道光六年自刻本。

金源紀事詩八卷

清湯運泰撰。淮南書局本。

柏梘山房文集十六卷文續集一卷詩集十卷詩續集二卷駢體文二卷

清梅曾亮撰。咸豐二年楊以增刻本。

因寄軒文初集十卷二集六卷
清管同撰。道光癸巳刻本。
陶文毅公集六十四卷
清陶澍撰。道光庚子淮北刻本。
儀衛軒文集十二卷詩集五卷外集一卷
清方東樹撰。同治七年家刻本。
續東軒集四卷
清高均儒撰。光緒七年刻本。
摘麐堂遺集四卷
清戴望撰。光緒元年刻本。
魯通甫類稿四卷續稿二卷

清魯一同撰。咸豐己未刻本。

一鐙精舍甲部稿五卷

清何秋濤撰。淮南書局本。

敦夙好齋詩初編十二卷

清葉名澧撰。咸豐三年自刻本。

邃懷堂文集十六卷

清袁翼撰。高安朱舲箋注。咸豐八年朱氏刻本。

斆藝齋文存八卷詩存二卷外集一卷

清鄒漢勛撰。光緒癸未刻本。

邵位西遺稿一卷

清邵懿辰撰。《滂喜齋叢書》本。

張文節遺稿二卷

清張洵撰。《滂喜齋叢書》本。

移華館駢體文四卷

董基誠、董祐誠撰。道光六年玉麟序。莊受祺校刻本。

安吴四種三十六卷

清包世臣撰。道光丙午白門倦遊閣活字本。

二知齋詩鈔四卷文鈔四卷

清易鏡清撰。光緒元年京山易氏家刻本。

一粟齋文鈔二卷

清易本烺撰。光緒元年家刻本。

西隃山房集八卷

清馮志沂撰。代州馮氏活字排印本。

緑野齋文集四卷

清劉鴻翱撰。道光七年李廷錫刻本。

有獲齋文集六卷附録一卷

清李道平撰。鈔本。安陸陳氏念園刻本。家刻本，十卷。

古微堂集十卷

清魏源撰。淮南書局刻本，《内集》三卷，《外集》七卷。

古微堂詩集十卷

清魏源撰。同治庚午刻本。

定庵文集三卷續集四卷文集補六卷

清龔自珍撰。同治七年曹籀刻本。鵬雲校過。

定庵文集補編四卷

清龔自珍撰。光緒丙戌平湖朱之榛刻本。

定庵文集三卷續集四卷詩集三卷補編四卷拾遺一卷年譜一卷

清龔自珍撰。仁和吴昌綬校訂本。

養和堂遺集八卷

清陳光亨撰。光緒癸巳廣西刻本。

巢經巢遺文五卷

清鄭珍撰。光緒十九年貴築高培穀刻本。

巢經巢詩鈔九卷

清鄭珍撰。咸豐二年家刻本。

亢藝堂集三卷

清廷璋撰。《滂喜齋叢書》本。

棶花盦詩二卷外集一卷附録一卷

清葉廷琯撰。《滂喜齋叢書》本。

修本堂稿五卷月亭詩鈔一卷

清林伯桐撰。《修本堂叢書》本。

柏井集六卷

清汪昶撰。同治九年漢陽汪氏家刻本，方宗誠、王柏心序。

萬卷書屋詩存一卷

清朱掄撰。《滂喜齋叢書》本。

第六絃溪文鈔四卷

清黄廷鑑撰。《後知不足齋叢書》本。

四繪軒詩鈔一卷
清徐振撰。《藝海珠塵》本。
顯志堂稿十二卷詩稿一卷
清馮桂芬撰。光緒二年刻本。
景紫堂文集十四卷
清夏炘撰。咸豐乙卯刻本。
经德堂集六卷别集二卷澥月山房詩集五卷
清龍啟瑞撰。光緒四年家刻本。
一鉢詩鈔一卷
清釋喻筏撰。道光戊子刻本。
徐布衣遺稿二卷附録一卷

清徐韋撰。孝感徐氏聽竹廬編刻本。

清湯彝撰。道光辛丑刻本。

盾墨四卷

清寧熙朝撰。嘉慶二十五年劉邦彦刻本。

庚辰遊草三卷

清寧熙朝撰。手稿殘本。

柑堂詩鈔十六卷

清張學尹撰。同治壬申師白山房刻本。

聽園文存八卷

清孫周撰。《觀自得齋叢書》本。

大瓠堂詩録八卷

陳禮部詩集八卷琴言三卷文集一卷

清陳其錕撰。家刻本。

耐庵文存六卷詩存三卷

清賀長齡撰。咸豐十一年家刻本。

寒香館文鈔八卷詩鈔四卷

清賀熙齡撰。咸豐家刻本。

倭文端公遺書十三卷

清倭仁撰。家刻本。

柈湖文録八卷詩録六卷釣者風一卷

清吴敏樹撰。同治八年自刻本。

石琴詩鈔十二卷

清紀映棻撰。同治三年刻本。

螺濛竹窗稾一卷歸吾廬吟草一卷

清梁信芳撰。道光己酉刻本。

古香山館存稿十六卷

清彭洋中撰。同治甲戌家刻本。

緑綺軒文鈔三卷詩鈔二卷

清舒燾撰。同治甲戌長沙刻本。

江忠烈公遺集二卷附録二卷

清江忠源撰。同治癸酉刻本。

李文恭公詩集八卷文集十六卷

清李星沅撰。同治四年家刻本。

曾文正公文集四卷詩集四卷

清曾國藩撰。湖南傳忠書局刻本。又曾氏家刻本，文、詩各三卷。

學詁齋文集二卷

清薛壽撰。廣雅書局本。

廣經室文鈔一卷

清劉恭冕撰。廣雅書局本。

思益堂集十九卷

清周壽昌撰。湖南刻本。

劉武慎公全書二十九卷

清劉長佑撰。劉氏家刻本。

東洲草堂文鈔二十卷詩鈔三十卷

清何紹基撰。同治六年家刻本。

峨眉瓦屋遊草二卷

清何紹基撰。咸豐五年刻本。

天岳山館文鈔四十卷

清李元度撰。光緒六年家刻本。

武陵山人雜著一卷

清顧觀光撰。《小萬卷樓叢書》本。

舒藝室雜著七卷詩存七卷

清張文虎撰。光緒間刻本。

春星閣詩鈔十五卷

清楊季鸞撰。道光九年家刻本。

榴實山莊詩鈔六卷文稿六卷

清吴存義撰。同治辛未家刻本。

求是齋詩存二卷

清彭崧毓撰。江夏彭氏家刻本。

楓南山館遺集八卷

清莊受祺撰。光緒元年家刻本。

帥文毅公遺集五卷附録一卷

清帥遠燡撰。光緒丁酉瀏陽李興鋭刻本。

筆花書屋詩鈔二卷

清嵇文駿撰。咸豐九年刻本。

儀顧堂集十六卷

清陸心源撰。同治甲戌福州刻本。

玉井山館文集五卷詩集十五卷

清許宗衡撰。同治四年刻本。

左文襄公文集五卷詩集一卷

清左宗棠撰。光緒十八年湖南刻本。

盾鼻餘瀋一卷

清左宗棠撰。光緒丁亥長沙刻本。

賓萌集七卷外集四卷春在堂雜文三十七卷詩編十二卷尺牘六卷

清俞樾撰。《春在堂全書》本。

眠琴閣遺文一卷遺詩二卷

清何慶涵撰。道州何氏家刻本。

懷古田舍詩鈔六卷

清徐榮撰。同治甲子刻本。

古樗山房遺稿三卷

清黄兆麟撰。活字印本。

㴳亭文集八卷

清張裕釗撰。光緒庚午查燕緒刻本。

㴳亭遺稿六卷

清張裕釗撰。光緒戊申刻本。

西隃山房集八卷

清馮志沂撰。文二卷，詩六卷。代州馮氏家刻本。

帶耕堂遺詩五卷

清蒯德模撰。孫壽樞校刻本，附《崇祀録》一卷、《吴中判牘》一卷。

守愚齋筆存二卷

清吴錦章撰。自刻本。

陶堂志微録五卷遺文一卷碑執一卷恤誦一卷

清高心夔撰。光緒壬午刻本。

楊見山集八卷

清楊峴撰。劉承幹刻《吴興叢書》本。

拙尊園叢稿六卷

清黎庶昌撰。光緒乙未家刻本。

東塾集六卷

清陳澧撰。光緒壬辰家刻本。

越縵堂文集十二卷

清李慈銘撰。光緒刻本。

復堂類集文四卷詩十卷日記八卷

清譚獻撰。光緒十一年自刻本。

湘麋閣遺詩四卷

清陶方琦撰。光緒十六年武昌刻本。

漢孳室文鈔四卷補遺一卷

清陶方琦撰。《紹興先正遺書》本。

縵雅堂駢文八卷

清王詒壽撰。《榆園叢書》本。

移芝室文集三卷詩集三卷

清楊彝珍撰。自刻本。

白香亭詩三卷

清鄧輔綸撰。湖南刻本。

藻川堂文集二卷詩集三卷

清鄧繹撰。自刻本。《全集》未刻。

秋湄遺集五卷

清楊篤撰。山西石印本。

桐城吴先生文集四卷詩集一卷尺牘六卷

清吴汝綸撰。光緒甲辰家刻本。

籀高述林十卷

清孫詒讓撰。自刻本。

漸西村人詩初集十三卷于湖小集五卷

清袁昶撰。光緒甲午自刻本。

寫禮廎文集一卷詩集一卷

清王頌蔚撰。自刻本。

佩弦齋文存三卷駢文存一卷詩存一卷外集四卷附録一卷

清朱一新撰。光緒二十二年家刻《拙盦叢稿》本。

崇蘭堂詩初存十卷

清張預撰。光緒甲午自刻本。

待堂文一卷池上小集一卷

清吴懷珍撰。譚氏刻《半厂叢書》本。

久芬室詩集六卷

清鄭襄撰。光緒乙未自刻本。

尉山堂集十四卷

清萬斛泉撰。光緒丙午疊山書院刻本。

廣雅堂駢文箋注八卷

清張之洞撰。近人陳崇祖注。活版排印本。

廣雅堂詩集四卷文集四卷

清張之洞撰。《詩》，龍鳳鑣刻本。《文》，南皮張氏家刻本。

廣雅堂詩集手定本二册不分卷

宣統己酉石印本。

澗于集六卷

清張佩綸撰。豐潤張氏澗於草堂家刻本，均奏議。

龍岡山人文鈔十四卷詩鈔二十卷

清洪良品撰。光緒辛卯刻本。

朔風吟略十一卷

清劉秉琳撰。光緒甲申刻本。

黄氏文鈔四卷

清黄良煇撰。自刻本。

陶廬文鈔十四卷

清黄彭年撰。癸亥年章鈺校刊本。

寶善書屋詩稿五卷

清王景彝撰。光緒庚寅自刻本。

抱潤軒文集十卷

清馬其昶撰。安徽石印本。

那處詩鈔四卷

清蔣楷撰。宣統辛亥濟南刻本。

典學樓文鈔四卷

清傳上瀛撰。光緒丁亥刻本。

葆真齋集六卷

清賈洪詔撰。光緒十三年自刻本。

鄰蘇老人手書題跋二册不分卷

清楊守敬撰。宜都楊氏觀海堂影印本。

晦明軒稿四卷

清楊守敬撰。光緒辛丑鄰蘇園刻本。

花隱老人遺著四卷附録一卷

清甘樹椿撰。上海仿宋印本。

曾惠敏公集十七卷

清曾紀澤撰。光緒二十年上海石印本。

通雅堂詩鈔十卷

清施山撰。光緒元年自刻本。

北嶽山房駢文二卷

清閻鎮珩撰。光緒壬辰自刻本。

湘綺樓文集八卷詩集八卷

清王闓運撰。光緒庚子衡州石鼓書院刊本。

傳魯堂詩第二集三卷駢體文二卷

清周錫恩撰。光緒甲午自刻本。

傳魯堂文集六卷駢文三卷詩集七卷

清周錫恩撰。門人王葆心蒐刻本。

瞿文慎公手書詩集四卷

清瞿鴻禨撰。超覽樓影印本。

樊山集二十八卷

清樊增祥撰。光緒癸巳自刻本。

退一步齋文集四卷詩集十六卷

清方濬師撰。光緒十八年聚珍版本。

秋蟪吟館詩鈔七卷

清金和撰。丙辰五月上元金氏家刻本。

邃雅堂詩文存二卷

清傅太璠撰。沔陽盧氏慎始基齋刻本。

樸齋詩集六卷

清諸可寶撰。光緒丙申自刻本。

節庵先生遺詩六卷

清梁鼎芬撰。沔陽盧氏慎始基齋校刻本。

金粟齋遺集八卷附録二卷

清蒯光典撰。姪壽樞刻本。

鮮庵遺稿一卷

清黄紹箕撰。《永嘉詩人祠堂叢刻》本。

緩庵遺稿一卷

清黄紹第撰。《永嘉詩人祠堂叢刻》本。

沈觀齋詩鈔一卷

清周樹模撰。活字印本，非全集。

沈觀齋詩六卷

清周樹模撰。樊樊山、左竹勿評定，原稿影印本，《全集》未刻。

盾墨拾餘六卷四魂集四卷外集四卷

清易順鼎撰。光緒二十二年自刻本。

錢隱叟遺集十卷

清錢桂笙撰。活字印本。

達可齋文集八卷證學十卷

清傅守謙撰。自刻本。

稼溪詩草二卷文存三卷

清黄維翰撰。自刻本。

庸盦文編四卷續編二卷外編四卷海外文編四卷籌洋芻議一卷

清薛福成撰。光緒丁酉石印本。

匯源堂叢稿十卷

清朱浩文撰。光緒乙未自刻本。

敬孚類稿十六卷

清蕭穆撰。光緒丙午刻本。

知悔齋文二卷

清陳克劬撰。光緒癸巳刻本。

下學寮類稿四卷

清羅鎮嵩撰。光緒三十三年刻本。

藝風堂文集七卷續集八卷外集二卷

清繆荃孫撰。自刻本。

賀先生文集四卷

清賀濤撰。徐世昌編刻本。

竢定堂詩鈔一卷

清田文炤撰。漢陽田氏石印本。

十國雜事詩十九卷

清饒智元撰。光緒辛卯自刻本。

求志齋文集二卷外集二卷詩存一卷

清童樹棠撰。蘄州童氏家刻本。

華峰文集六卷附秀山公牘四卷

清吴光耀撰。自刻本。

水竹邨人集十二卷

近人徐世昌撰。天津徐氏家刻本。

海藏樓詩八卷

近人鄭孝胥撰。武昌刻本。

水東稿一卷

近人王照撰。自刻本。

文莫室詩八卷

近人王栮柤撰。自刻本。

師鄭堂駢文二卷

近人孫同康撰。光緒乙未自刻本。

太炎文録二卷別録三卷

近人章炳麟撰。自刻本。

吴北江文集七卷

近人吴闓生撰。桐城吴氏家刻本。

寄簃詩存四卷

近人洪汝怡撰。自印本。

以上別集類清人詩文集之屬

右集部別集類一千七百二十種，二萬三千七百四十七卷，重者不計。

崇雅堂書録卷之十三終

崇雅堂書録卷之十四

潛江甘鵬雲藥樵編

集部五

總集類

文選注六十卷

梁昭明太子撰。唐李善注。明毛晉汲古閣刻本。嘉慶己巳胡克家仿宋刻本。乾隆壬辰葉樹藩刻何焯評校朱墨套印本。同治八年金陵書局刻本。湖北崇文書局重刻胡克家本。《四庫》著録。

文選攷異一卷

宋尤袤撰。光緒庚辰陸心源仿宋刻本。《常州先哲遺書》本。

文選攷異十卷

清胡克家撰。胡刻《文選》附刻本。

文選六臣注六十卷

唐呂延濟、劉良、張銑、呂向、李周翰、李善注。明氷玉堂刻本。《四庫》著録。

文選音義八卷

清余蕭客撰。乾隆戊寅刻本。《四庫》存目。

文選攷異四卷

清孫志祖撰。《讀畫齋叢書》本。漢州張祥齡刻《選學彙函》本。

文選李注補正四卷

清孫志祖撰。《讀畫齋叢書》本。《選學彙函》本。

文選理學權輿八卷補一卷

清汪師韓撰。《叢睦汪氏遺書》本。

文選理學權輿補一卷

清孫志祖撰。《選學彙函》本。

文選課虚四卷

清杭世駿撰。《杭氏七種》本。

文選集釋二十四卷

清朱珔撰。自刻本。

選學膠言二十卷

清張雲璈撰。道光辛卯刻本。三影閣刻本。

文選旁證四十六卷

清梁章鉅撰。光緒壬午吴下刻本。

文選古字通疏證六卷

清薛傳均撰。華陽傳世洵刻本。

文選通叚字會四卷

清杜宗玉撰。光緒丙申自刻本。

文選補遺四十卷

宋陳仁子編。道光乙巳蔣光鎰校刻本。《四庫》著録。

廣文選六十卷

舊本題明劉節編。明嘉靖十一年刻本。《四庫》存目。

以上總集類文選之屬

文館詞林四卷

唐許敬宗撰。日本《佚存叢書》本。《粤雅堂叢書》本。

文館詞林十三卷又半卷

唐許敬宗撰。《古逸叢書》仿刻唐卷子本。

文館詞林五卷

唐許敬宗撰。光緒癸巳楊守敬景蘇園刻本。

文苑英華一千卷

宋李昉撰。明隆慶元年胡維新刻本。《四庫》著録。

文苑英華辨證十卷

宋彭叔夏撰。武英殿聚珍板本。《知不足齋叢書》本。《四庫》著録。

漢魏六朝百三家集一百十八卷

明張溥編。明毛晉汲古閣刻本。廣州刻本。《四庫》著録。

建安七子集七卷
孔文舉、陳孔璋、王仲宣、徐偉長、阮元瑜、應德璉、劉公幹七家，清楊逢辰編。長沙楊氏坦園刻本。

同人集十二卷
明冒襄編。咸豐己未裔孫冒溶活字排印本。《四庫》存目。

續同人集十一卷文編四卷八十壽言六卷
清袁枚編。《隨園全集》本。

詁經精舍文集十四卷
清阮元編。嘉慶六年阮氏嫏嬛仙館刻本。

學海堂初集十六卷
清阮元編。道光五年粵秀山房刻本。

學海堂二集二十二卷
清錢泰吉、吴蘭修同編。道光十八年粤秀山房刻本。
學海堂三集二十二卷
清張維屏編。咸豐己未粤秀山房刻本。
學海堂四集二十八卷
清金錫齡編。光緒丙戌粤秀山房刻本。
古文詞略二十四卷
清梅曾亮撰。同治丁卯李鴻章刻本。
蜀秀集九卷
清譚宗浚編。光緒五年四川刻本。
經心書院集四卷

清左紹佐編。光緒己丑湖北刻本。

經心書院續集十二卷

清譚獻編。光緒乙未湖北刻本。

菊坡精舍集二十卷

清陳澧編。光緒丁酉廣州刻本。

尊經書院課藝十二卷

清王闓運編。光緒甲申成都刻本。

校經堂二集九卷

清陸寶忠編。光緒戊子刻本。

以上總集類詩文統編之屬

玉臺新詠十卷

陳徐陵撰。南陵徐乃昌影明寒山趙均小宛堂刻小字本。《四庫》著録。

玉臺新詠注十卷

陳徐陵撰。清吴兆宜注。乾隆甲午程際盛校刻本。《四庫》存目。

玉臺新詠攷異十卷

清紀容舒撰。《畿輔叢書》本。《四庫》著録。

唐人選唐詩一卷

不著撰人名氏。羅振玉影印唐卷子殘本。

篋中集一卷

唐元結編。明毛氏汲古閣刻本。徐乃昌《隨庵叢書》仿宋刻本，附《札記》。《四庫》著録。

河岳英靈集三卷

唐殷璠編。汲古閣刻本。《四庫》著録。

國秀集三卷

唐芮挺章編。汲古閣刻本。《四庫》著録。

御覽詩一卷

唐令狐楚編。汲古閣刻本。《四庫》著録。

中興間氣集二卷

唐高仲武編。汲古閣刻本。《四庫》著録。

極玄集二卷

唐姚合編。汲古閣刻本。《四庫》著録。

才調集十卷

蜀韋縠編。汲古閣刻本。《四庫》著録。

松陵集十卷

唐皮日休、陸龜蒙倡和詩。汲古閣刻本。《四庫》著録。

西崑酬唱集二卷

宋楊億編。《浦城遺書》本。《藝海珠塵》本。《粤雅堂叢書》本。徐幹刻本。《四庫》著録。

坡門酬唱集二十三卷

宋邵浩編。劉世珩仿宋紹熙刻本。《四庫》著録。

樂府詩集一百卷

宋郭茂倩撰。明汲古閣刻本。同治甲戌湖北崇文書局刻本。《四庫》著録。

後村千家詩二十二卷

宋劉克莊編。《楝亭十二種》本。

聲畫集八卷

宋孫紹遠編。康熙丙戌曹寅揚州刻本。《四庫》著録。

衆妙集一卷

宋趙師秀編。明毛氏汲古閣刻《詩詞雜俎》本。《四庫》著録。

詩苑衆芳一卷

宋劉瑄編。《十萬卷樓叢書》本。

月泉吟社詩一卷

宋吴渭編。明毛氏汲古閣刻本。《粤雅堂叢書》本。《四庫》著録。

唐百家詩選二十卷

宋王安石編。康熙癸未宋犖校刻本，有闕卷。《四庫》著録。

唐人萬首絶句一百一卷

宋洪邁編。明嘉靖辛丑陳敬學仿宋刻本。《四庫》著録九十一卷。

南宋羣賢小集一百三十八卷

宋陳起編。嘉慶辛酉石門顧氏讀畫齋校刻本。

三體唐詩注二十卷

宋周弼編，元釋圓至注。元大德九年刻本。

三體唐詩選六卷

宋周弼原編，清高士奇選刻本。《四庫》著録。

分類唐歌詩殘本十一卷

宋趙孟奎編。粵雅堂刻本。《四庫》著録。

中州集十卷附樂府一卷

金元好問編。明毛氏汲古閣刻本。光緒七年讀書山房刻本。《四庫》著録。

唐詩鼓吹注十卷
金元好問編，元郝天挺注。乾隆刻本。《四庫》著録。

谷音二卷
元杜本編。明毛氏汲古閣刻本。《粤雅堂叢書》本。《四庫》著録。

皇元風雅八卷
元蔣易編。連平范氏仿元刻本。《四庫》著録二十四卷。

唐音十四卷
元楊士弘編。明嘉靖辛酉顧履祥刻本。沔陽盧氏慎始基齋影印明嘉靖刻本。《四庫》著録。

河汾諸老詩集八卷
元房祺編。明毛氏汲古閣刻本。《粤雅堂叢書》本。《四庫》著録。連平范氏雙魚室仿元刻本。

圭塘欸乃集二卷
元許有壬及其弟有孚倡和詩。《藝海珠塵》本。《四庫》著録。

洞霄詩集十四卷
元孟宗寶編。《知不足齋叢書》本。《四庫》著録。

瀛奎律髓四十九卷
元方回編。康熙壬辰吴之振黄葉村莊刻本。《四庫》著録。

濂洛風雅六卷
元金履祥編抄本。

大雅集八卷
元賴良編。連平范氏雙魚室依洪氏刻本。《四庫》著録。

古樂府十卷

元左克明編。明刻本。《四庫》著録。

乾坤清氣集十四卷

明偶桓編。抄本。《四庫》著録。

唐詩品彙九十卷拾遺十卷

明高棅編。明嘉靖己亥牛斗刻本。《四庫》著録。

唐詩正聲二十二卷

明高棅編。明嘉靖三年刻本。

瓊花集五卷

明曹璿編。《别下齋叢書》本。

古詩紀一百五十六卷

明馮惟訥編。明嘉靖庚申甄敬校刻本。明吴琯重刻本。《四庫》著録。

詩紀匡謬一卷

清馮舒撰。《知不足齋叢書》本。《四庫》著録。

風雅逸篇十卷

明楊慎編。《函海》本。

唐詩類苑二百卷

明張之象編。明萬曆辛丑趙應元刻本。《四庫》存目。

古詩類苑一百二十卷

明張之象編。明萬曆辛丑趙應元刻本。《四庫》存目。

唐音戊籤二百六十五卷

明胡震亨編。明刻本。康熙己丑刻本。《四庫》存目。

古詩歸十五卷

明鐘惺、譚元春同編。明萬曆丁丑刻本。《四庫》存目。

唐詩歸三十六卷

明鐘惺、譚元春同編。明萬曆丁巳刻本。《四庫》存目。

明詩歸十卷補選一卷

舊題明鐘惺、譚元春同編。《四庫》存目。

名媛詩歸三十六卷

舊題明鐘惺編。明刻本。《四庫》存目。

唐詩解五十卷

明唐汝詢編。清順治己亥刻本。《四庫》存目。

船山古近體詩平選十八卷

古詩六卷、唐詩四卷、明詩八卷。清王夫之編。船山學舍活字印本。

十唐人詩集二十九卷

劉長卿十一卷、杜牧五卷、李益二卷、戎昱二卷、戴叔倫三卷、李建勳二卷、張繼一卷、羊士諤一卷、陳陶一卷、姚鵠一卷。康熙壬午席啟寓刻《唐詩百家》抽印本，羅紋紙，初印凡五册。

七唐人詩集十八卷

鄭谷三卷、吴融三卷、杜荀鶴三卷、李咸用六卷、張蠙一卷、任藩一卷、杜寬一卷。康熙壬午席啟寓刻《唐詩百家》抽印本。初印凡八册。

載書圖詩一卷

清王士禎編。《漁洋全集》本。《四庫》存目。

古詩選三十二卷

清王士禎編。同治五年金陵書局刻本。又聞人倓箋注本。又《蘇齋叢書》本。《四庫》存目。

十種唐詩選十七卷
清王士禎編。《漁洋全集》本。《四庫》存目。

唐賢三昧集三卷
清王士禎編。《漁洋全集》本。《四庫》著録。

唐人萬首絶句選七卷
清王士禎編。《漁洋全集》本。《四庫》著録。

感舊集十六卷
清王士禎編。乾隆壬申盧見曾雅雨堂刻本。

全唐詩九百卷
康熙四十六年敕編。曹寅揚州詩局刻本。《四庫》著録。

全唐詩逸三卷

日本上毛河世寧編。《知不足齋叢書》本。

御選唐詩三十二卷附録三卷

清康熙五十二年敕編。内府刻本。《四庫》著録。

全康詩録一百卷

清徐焯奉敕編。康熙丙戌自刻本。《四庫》著録。

詩觀十四卷别集二卷

清鄧漢儀編。康熙刻本。《四庫》存目。

佩文齋詠物詩選四百八十二卷

清康熙四十五年敕編。内府刻本。《四庫》著録。

濂洛風雅九卷

清張伯行編。康熙戊子正誼堂刻本。《四庫》存目。

榕村詩選九卷

清李光地撰。《榕村全書》本。

懷舊集二卷

清馮班編。《滂喜齋叢書》本。

篋衍集十二卷

清陳維崧編。康熙丁丑蔣國祥校刻本。

續本事詩十二卷

清徐釚編。康熙甲申吴中立刻本。

楚風補五十卷

清廖元度編。《四庫》存目。

唐詩叩彈集十二卷續集三卷

清杜詔、杜庭珠同編。康熙甲申杜庭珠刻本。《四庫》存目。

古詩源四卷

清沈德潛編。通行本。

唐詩别裁集十卷

清沈德潛編。原刻本。

明詩别裁十二卷

清沈德潛編。乾隆沈氏原刻本。

國朝詩别裁三十二卷

清沈德潛編。乾隆原刻本。

七子詩選十四卷

清沈德潛編。乾隆十八年刻本。

全唐近體詩鈔五卷

清沈裳錦編。自刻本，無年月。

唐宋詩醇四十七卷

乾隆十五年御定。内府刊本。江蘇書局刻本。《四庫》著録。

古詩録十二卷

清張琦編。嘉慶二十年刻本。同治八年重刻本。

湖海詩傳四十六卷

清王昶編。嘉慶癸亥刻本。同治四年重刻本。

小石帆亭五言詩續鈔八卷

清翁方綱編。《蘇齋叢書》本。《粤雅堂叢書》本。

五言今體詩鈔九卷七言今體詩鈔九卷

清姚鼐編。《惜抱軒全集》本。金陵書局刻本。

詩比興箋四卷

清陳沆編。光緒九年彭祖賢武昌刻本。

春星堂詩集十卷續集十卷

清汪師韓編。《叢睦汪氏遺書》本。

宋詩鈔一百六卷

清吴之振編。康熙辛亥自刻本。《四庫》著録。

宋十五家詩選十六卷

清陳訏編。康熙癸酉海昌陳氏師問堂刻本。《四庫》存目。

宋四名家詩鈔不分卷

宋蘇、黄、范、陸四家。清周之鱗、柴升同編。原刻本，無年月。《四庫》存目。

元人選元詩五種二十八卷

《河汾諸老詩集》八卷、《國朝風雅》七卷、《雜編》三卷、《大雅集》八卷、《敦交集》一卷、《偉觀集》一卷。連平范氏雙魚室精刻本。

元詩選一集六十八卷二集二十六卷三集十六卷

清顧嗣立編。康熙癸酉家刻本。《四庫》著録。

元詩選癸集十卷

清顧嗣立編。嘉慶戊午席世臣補刻本。

全金詩七十四卷

康熙五十年敕編。乾隆己酉西爽閣重修本。《四庫》著録。

金詩選四卷元詩選六卷

清顧奎光編。乾隆辛未刻本。

列〔一〕朝詩集乾集二卷甲集前編十一卷甲集二十二卷乙集八卷丙集十六卷丁集十六卷閏集六卷

清錢謙益編。明毛氏汲古閣刻本。

明詩綜一百卷

清朱彝尊編。康熙四十四年刻本。《四庫》著録。

遺民詩十六卷

清卓爾堪編。康熙中卓氏刻本，宋犖序。又上海景印本。

六家詩鈔八卷

清劉執玉編。乾隆丁亥刻本。

隨園女弟子詩選六卷

清袁枚編。《隨園全集》本。

〔一〕「列」，原作「别」，當作「列」。

吴會英才集二十四卷

清畢沅編。自刻本，無年月。

熙朝雅頌集首集二十六卷正集一百六卷餘集二卷

清鐵保編。嘉慶甲子自刻本。

鄱陽五家集十五卷

清史簡編。宋黎廷瑞，元吴存、徐瑞、葉蘭，明劉炳五家。《豫章叢書》本。《四庫》著録。

十八家詩鈔二十八卷

清曾國藩編。傳忠書局刻本。

歷朝二十五家詩録二十七卷

清鄒湘倜編。光緒元年新化鄒氏得頤堂刻本。

小學弦歌八卷

清李元度編。湖南刻本。

八代詩選二十卷

清王闓運編。四川尊經書院刻本。

漢魏六朝詩三百首七卷

近人周貞亮編。沔陽盧氏刻本。

舊德集十四卷

清繆荃孫編。《雲自在龕叢書》本。

詩義標準一百十四卷

清王先謙編。宣統辛亥刻本。

南園五先生詩集五卷

無編輯人名氏。同治九年南海陳氏樵山草堂刻本。《四庫》存目二卷，題明徵奇編。

南園後五先生詩集二十五卷
無編輯人名氏。南海陳氏樵山草堂刻本。

樵川二家詩六卷
嚴羽、黄元鎮二家。邵武徐氏刻本。《四庫》存目。

三家宫詞三卷
唐王建、蜀花蕊夫人、宋王珪。明毛晉編。毛氏緑君亭刻本。《四庫》著録。

二家宫詞二卷
宋徽宗、楊后。明毛晉編。自刻本。《四庫》著録。

十家宫詞十一卷
清朱彝尊編。康熙二十八年刻本。

二顧先生詩鈔二卷

清顧湘、顧杲撰。活字排印本。

吴潘今樂府二卷

清吴炎、潘檉章撰。活字排印本。

四家詠史樂府十五卷

元楊維楨九卷，明李東陽二卷，清尤侗一卷、洪亮吉三卷。光緒丙戌宋澤元刻本。

徐高二家詩選二卷

明徐昌穀、高叔嗣撰。清王士禎選。《漁洋全集》本。《四庫》著録。

嶺南三家詩二十四卷

清梁佩蘭、屈大均、陳恭尹三家。原刻本。

王宋二家詩合刻二十卷

清宋犖、王士禎撰。邵長蘅選刻本。

朱劉二家詩選二卷

清朱載震、劉肇國撰。道光七年劉用賓刻本。

南宋雜事詩七卷

清沈嘉轍、吴焯、陳芝光、符曾、趙昱、厲鶚、趙信同撰。康熙原刻本，無年月。《四庫》著録。

合肥三家詩録二卷

清譚獻選刻本。

池上小集一卷

清譚獻選刻同人唱和詩。《半厂叢書》本。

二鄧先生詩集二卷

清鄧輔綸、鄧繹撰。宣統二年雷飛鵬排印本。

雪堂唱和集三卷

清鄧琛、殷雯、張承祜同撰。光緒十一年刻本。

桃潭合鈔十卷

係黄岡汪氏家集。近人汪燊編印本。

赤城集十八卷

宋林表民編。嘉慶戊寅宋世犖刻《台州叢書》本。《四庫》著録。

梁園風雅二十七卷

明趙彦復編。康熙甲辰宋犖刻本。

越風三十卷

清商盤編。乾隆己丑王氏刻本。

山左詩鈔六十卷

清盧見曾編。乾隆戊寅雅雨堂刻本。

林屋倡酬集一卷焦山紀遊詩一卷

清馬曰琯編。《粤雅堂叢書》本。

淮海英靈集二十四卷

清阮元編。文選樓刻本。

蜀詩略十二卷

清張沆編。咸豐七年刻本。

畿輔詩傳六十卷

清陶樑編。道光己亥紅豆樹館刻本。

粤詩蒐逸四卷

清黄子高編。《嶺南遺書》本。

江西詩徵九十四卷

清曾燠編。嘉慶九年刻本。

江蘇詩徵一百八十三卷

清王豫編。道光元年廣州刻本。

杭郡詩輯三十二卷

清吴灝編，顥孫振棫補。嘉慶庚寅刻本。

杭郡詩輯續四十六卷

清吴振棫編。道光甲午刻本。

杭郡詩三輯一百卷

清丁申、丁丙同編。光緒戊子刻本。

沅湘耆舊集二百卷前編四十卷

清鄧顯鶴編。道光二十三年南村草堂刻本。

金陵詩徵四十四卷

清朱緒曾編。光緒壬午金陵書局刻本。

孝感詩徵十二卷

近人徐焕斗編。聽竹廬活字印本。

廣濟耆舊詩集十二卷

清夏槐編。光緒丁亥夏氏刻本。

松陵詩徵二十卷

清袁景輅編。乾隆丁亥愛吟齋刻本。

越三子詩集七卷

清孫廷璋、王星諴、陳壽祺撰，潘祖蔭編。滂喜齋刻本。

篤舊集十八卷

清劉存仁編。咸豐十年自刻袖珍本。

清閨秀正始再續集六卷

清畢士釐編。歸安錢恂聚珍仿宋印本。

容城耆舊集四卷

近人龔耕廬編。自刻本。

灊江詩徵十六卷

鵬雲編。稿本。

以上總集類詩編之屬

古文苑九卷

宋不著撰人名氏。嘉慶己巳孫氏岱南閣仿宋刻本。

古文苑注二十一卷

宋章樵撰。《惜陰軒叢書》本。《守山閣叢書》本。《四庫》著録。

續古文苑二十卷

清孫星衍編。《平津館叢書》本。

唐文粹一百卷

宋姚鉉編。明嘉靖八年晉藩朱知烊刻本。又嘉靖十三年徐焴刻本。《四庫》著録。

古文關鍵二卷

宋吕祖謙編。潘麟仿宋刻本，無年月。《四庫》著録。

崇古文訣三十五卷

宋樓昉編。明嘉靖癸巳王鴻漸廬州刊本。明正德二年姚鏌廣西刊本。《四庫》著録。

文章正宗三十卷續集二十卷

宋真德秀撰。明嘉靖甲辰孔天胤刻本。續集嘉靖間胡松刻本。《四庫》著録。

兩漢策要十二卷

宋無撰人名氏。仿趙文敏書石印本。

聖宋文選三十二卷

宋不著撰人名氏。光緒壬午郯城于氏仿宋刻小字本。

清江三孔集四十卷

宋王蓮編。孔文仲、武仲、平仲三家。《豫章叢書》本。

宋文鑑一百五十卷

宋吕祖謙編。明嘉靖七年晉藩朱知烊刻本。江蘇書局刻本。《四庫》著録。

文章軌範七卷

宋謝枋得編。康熙戊戌刻本。《四庫》著録。

元文類七十卷

元蘇天爵編。明嘉靖八年晉藩朱知烊刻本。光緒己丑江蘇書局刻本。《四庫》著録。

四六法海十二卷

明王志堅編。清蔣士銓評朱墨本。《四庫》著録。

中州名賢文表三十卷

明劉昌撰。清宋犖刊本。康熙丙戌汪立名刻本。《四庫》著録。

明文衡九十八卷

明程敏政編。明晉藩刻本。《四庫》著録。

文編六十四卷

明唐順之編。明天啟刻本。《四庫》著録。

唐宋八大家文鈔一百六十四卷

明茅坤編。明茅一桂刻本，字大爽目。《四庫》著録。

名世文宗二十卷外集四卷

明胡時化編。萬曆五年馮叔吉刻本。

赤牘清裁十一卷補遺四卷

明楊慎編。補遺吴勉學編。明刻本。

古雋八卷

明楊慎編。《函海》本。《四庫》存目。

明文範六十六卷

明張時徹編。明刻本。《四庫》存目。

文章指南五卷

明歸有光編。通行本。《四庫》存目。

詞致録十六卷
明李天麟編。明萬曆丁亥刻本，温純序。《四庫》存目。

明文徵七十三卷
明何喬遠編。明刻本。《四庫》存目。

明文雋八卷
舊本題明袁宏道編。明刻本。《四庫》存目。

八代文鈔六十卷
明李賓編。明刻本，無年月，有缺卷。《四庫》存目，無卷數。

古文奇賞二十二卷續三十四卷三續二十六卷明文奇賞四十卷
明陳仁錫編。天啟癸亥刻本。《四庫》存目。

國瑋集四十八卷

明方岳貢編。明松江刻本，《左傳》闕一卷。《四庫》存目。

皇明名臣經濟録五十三卷

明黄訓編。嘉靖辛亥刻本。

皇朝經濟文録四十一卷

明萬表編。嘉靖甲寅刻本。

古今文致十卷

明劉士鏻編。明天啟癸亥王宇刻本。《四庫》存目，無卷數。

荆溪外紀二十五卷

明沈敕編。明刻本。《四庫》存目。

明文授讀六十二卷

明黄宗羲編。《四庫》存目。

唐宋十大家全集録五十一卷

清儲欣編。《四庫》存目。江蘇局本。

古文淵鑑六十四卷

康熙二十四年徐乾學等奉敕編注。内府刻五色套印本。《四庫》著録。

歷代賦彙一百四十卷外集二十卷逸句二卷補遺二十二卷

康熙四十五年陳元龍奉敕編。武英殿本。《四庫》著録。

古文約選十卷

清方苞撰。肅親王府刻本。

古文精藻二卷

清李光地編。《榕村全書》本。

古文眉詮七十九卷

清浦起龍編。乾隆九年自刻本。

古文雅正十四卷

清蔡世遠編。同治七年湘鄉曾氏刻本。《四庫》著録。

斯文精萃不分卷

清尹繼善編。乾隆二十九年金陵刻本。江夏彭子嘉校讀過。

尺牘新鈔十二卷

清周亮工編。《海山仙館叢書》本。

古文辭類纂四十八卷

清姚鼐撰。嘉慶中康紹鏞刻小字本。道光五年吴氏刻大字本。光緒甲申行素草堂刻本。

續古文辭類纂二十八卷

清黎庶昌編。光緒乙未金陵刻本。

續古文辭類纂三十四卷

清王先謙編。光緒甲申行素草堂刻本。

湖海文傳七十五卷

清王昶編。道光丁酉家刻本。

皇清文穎一百二十四卷

清乾隆十二年御定。武英殿本。《四庫》著録。

唐宋文醇五十八卷

乾隆三年御定。内府刻本。《四庫》著録。

全上古三代秦漢三國六朝文七百四十六卷

清嚴可均輯。光緒甲午黄岡、王毓藻廣州刻本。

全上古三代秦漢三國六朝文目録一百三十卷

清蔣壑編。光緒己卯刻本。

全唐文一千卷

嘉慶十九年敕撰。揚州詩局本。

唐文粹補遺二十六卷

清郭麐編。許氏榆園刻本。江蘇書局刻本。

唐駢體文鈔十七卷

清陳均編。嘉慶庚辰刻本。

金文最一百二十卷

清張金吾編。傳鈔本。

金文雅十六卷

清張仲芳編。江蘇書局。

七十家賦鈔六卷

清張惠言編。道光元年康紹鏞刻本。

選注六朝唐賦二卷

清馬傳庚注。同治甲戌寫刻本。

宋四六選二十四卷

清彭元瑞編。曹振鏞重編。乾隆丙申刻本。

駢體文鈔三十一卷

清李兆洛編。康紹鏞刻本。同治丁卯婁江徐氏刻本。譚復堂先生評校本，鵬雲迻録。

明文在一百卷

清薛熙編。江蘇書局刻本。《四庫》存目。

國朝駢體正宗十二卷
清曾燠編。同治甲戌廣州刻本。光緒丁亥上海石印本。
國朝文録八十二卷
清姚椿編。咸豐元年張祥河刻本。
國朝文録四十卷
清吴翌鳳編。咸豐元年沈懋德刻本。
國朝文録八十二卷續録六十三卷
清李祖陶編。道光乙巳刻本。
皇朝駢文類苑十四卷
清姚燮編。光緒丙戌張壽榮刻本。

國朝古文正的七卷
清楊彝珍編。光緒六年獨山莫氏活字印本。

經史百家雜鈔三十六卷經史百家簡編二卷
清曾國藩編。傳忠書局刻本。

八旗文經五十六卷敘録一卷作者考三卷
清盛昱編。光緒辛丑湖北刻本。

遼文存六卷
清繆荃蓀編。光緒丙戌刻本。

遼文萃七卷
清王仁俊編。光緒甲辰自刻本。

八家四六文鈔九卷

清吴鼒編。嘉慶八年刻本。

八家四六文注九卷

清許貞幹撰。光緒十八年活字印本。

内閣撰擬文字二卷

清鮑康輯。同治七年歙鮑氏刻本。

錫山文集二十卷

清王史直編。道光庚子華嘉植刻本。

嶺南文鈔十八卷

清陳在謙編。道光壬辰七十二峰堂刻本。

湖南文徵一百九十卷

清羅汝懷編。同治十年湖南刻本。

粤十三家集一百八十二卷

清道光二十年南海伍元薇刻本。宋李昴英、趙必瑑、區仕衡，明李時行、黎民表、區大相、陳子壯、黎遂球、陳子升，清方殿元、梁佩蘭、王隼、易宏十三家。

中州文徵五十四卷

清蘇源生編。道光二十五年刻本。

孝感文徵十二卷

近人徐焕斗編。聽竹廬活字印本。

松陵文録二十四卷

清辛淦編。同治甲戌刻本。

湖北文徵四百卷

江漢後學集編。稿本。

潛江文徵十六卷
鵬雲編。稿本。
以上總集類文編之屬
右集部總集類二百七十六種，一萬三千三百九十四卷，一部無卷數，重者不計。
崇雅堂書録卷之十四終